दुनिया की सबसे खूबसूरत उत्तेजक लड़की हेलेन और उसका खोया खजाना: ब्रह्मांड के सबसे बड़े अनसुलझे रहस्य, पहला भाग

डॉ. रामचंद्र नाथ शर्मा

मेरी पुस्तक के सभी पाठकों के लिए और उन लोगों के लिए जो अज्ञात को जानना चाहते हैं

क्रम-सूची

प्रस्तावना — vii

भूमिका — ix

पावती (स्वीकृति) — xi

आमुख — xiii

1. रॉबिनहुड के रहस्य, सच और झूट — 1

2. डरावने रूसी राजा का खोया पुस्तकालय — 10

3. इस्राएल के खोए हुए गोत्रों का क्या हुआ? — 17

4. वेरोनिका का रहस्यमय घूंघट — 23

5. सेंट हेलेना और यीशु के क्रॉस की खोज — 31

6. जोन ऑफ आर्क का जली हुई राख — 35

7. ट्रॉय की हेलेन: दुनिया की सबसे खूबसूरत लड़की और उसके खोए हुए गहने — 45

8. भूत जहाज की भयानक रहस्य — 53

9. फ्रांसीसी गांव को रहस्यमय शिलालेख — 56

10. 17वीं शताब्दी का पत्र एक भूतिया महिला साधु द्वारा लिखा गया — 59

प्रस्तावना

एक जाति के रूप में, हम मनुष्य रहस्यों से प्यार करते हैं, भले ही वे साधारण पहेलियां हों, रोमांचक उपन्यास हों या कुछ बहुत बड़ा। वैज्ञानिकों, इतिहासकारों और उत्साही लोगों ने अपने पूरे करियर को दुनिया के कुछ सबसे बड़े अनसुलझे रहस्यों को सुलझाने की कोशिश में समर्पित कर दिया है, फिर भी कई ऐसे हैं जो बस अनसुलझे लगते हैं।

हेलन को दुनिया की सबसे खूबसूरत और उत्तेजक महिला माना जाता है। उसके लिए भयंकर ट्रोजन युद्ध शुरू हो गया और हजारों योद्धा मारे गए। 1873 में, साहसी से पुरातत्वविद् बने हेनरिक श्लीमैन ने शानदार कांस्य युग के गहनों की खोज की। श्लीमैन ने ट्रॉय की खुदाई के दौरान गहनों का पता लगाया था। वर्षों से वह यह साबित करने की तलाश में था कि हेलेन, एच्लीस और एगामेमोन की कहानियाँ केवल एक कहानी नहीं - बल्कि वास्तविक इतिहास थीं। उन्होंने कई वर्षों तक ट्रॉय की साइट की खोज की थी, उपहास और दुर्व्यवहार का सामना किया, लेकिन अब उन्हें यह मिल गया था। इतना ही नहीं, बल्कि उन्होंने इन असाधारण मुकुटों - "द ज्वेल्स ऑफ हेलन ऑफ ट्रॉय" - और कई अन्य कलाकृतियों का पता लगाया था जिन्हें उन्होंने "राजा प्रियम का खजाना" करार दिया था। जहां तक श्लीमैन का सवाल था, वह सही ठहराया गया था - उसे इस बात का सबूत मिला था कि हेलन ऑफ ट्रॉय और शहर का स्थल ही मौजूद था। श्लीमैन ने तुर्की से बर्लिन तक "जेवेल्स ऑफ हेलन" की खोज की - जहां वे पृथ्वी के चेहरे से गायब हो गए प्रतीत होते हैं, श्लीमैन की प्रतिष्ठा और उसके तरीकों के बाद के वर्षों में ट्रैश किए गए थे। ट्रॉय की उनकी खुदाई को लापरवाह माना गया था, साइट के माध्यम से बुलडोज़र की परवाह किए बिना, गैर-जिम्मेदार तरीके से परतों को मिलाते हुए और उनकी डेटिंग को बेतहाशा गलत दिखाया गया था। अधिक हाल के काम ने ट्रॉय के लिए अधिक संभावित उम्मीदवार को उजागर किया है। लेकिन भले ही वह इस बारे में गलत था, फोटोग्राफ में वे शानदार गहने कहाँ थे? भले ही वे हेलेन द्वारा नहीं पहने गए हों, वे स्पष्ट रूप से प्राचीन और बड़े मूल्य के थे। फिर 1993 में, वे फिर से प्रकट हुए - सेंट पीटर्सबर्ग में पुश्किन संग्रहालय में। क्या है इसके पीछे का रहस्य? क्या यह वास्तव में हेलेन का था?

दस अध्यायों में लेखक ने ऐसे चमत्कारी और रहस्यमयी अनसुलझे रहस्य प्रस्तुत किए हैं जो मानव जाति को चकित करते रहते हैं। रॉबिन हुड का रहस्य, रूस में इवान की खोई हुई लाइब्रेरी, रानी हेलेन के खोए हुए गहने, इजरायल के शटर गोत्रों, वेरोनिका का रहस्यमयी घूंघट, जोन ऑफ आर्क का जली हुई राख, हेलेना और जीसस के क्रॉस आदि को बहुत ही प्रामाणिक रूप से प्रस्तुत किया गया है।

भूमिका

दुनिया रहस्य से भरी है। लेकिन जैसे-जैसे समय आगे बढ़ा इनमें से कुछ रहस्य सुलझ गए हैं। लेकिन अभी भी कई रहस्य ऐसे हैं जो आज भी रहस्य बने हुए हैं।

पावती (स्वीकृति)

क्योंकि वे सभी महापुरुष ब्रह्मांड के छिपे रहस्यों को उजागर करने के लिए अपना सारा जीवन लगा देते हैं

आमुख

पुस्तक इस ब्रह्मांड में छिपे सत्य की खोज के लिए है जो अभी भी हमारे लिए अज्ञात है।

1

रॉबिनहुड के रहस्य, सच और झूट

रॉबिन हुड एक रहस्य आदमी

रॉबिन हुड-प्रतिमा, नॉटिंघम

उन्हें मध्य युग के महान नायकों में से एक माना जाता है: रॉबिन हुड। शेरवुड फ़ॉरेस्ट के महान तीरंदाज जो अमीरों से लेते हैं और गरीबों को देते हैं। 13वीं शताब्दी के इंग्लैंड में, डाकूओं के लिए "रॉबिन हुड" नाम आम है। लेकिन इतिहास के दौरान, निशान बार-बार दिखाई देते हैं, जो किंवदंती की कथित ऐतिहासिक जड़ों की ओर ले जाते हैं। लेकिन क्या लोक नायक वास्तव में मौजूद थे?

उद्यमी लुइस पिकसंगिल की भूमि पर रॉबिन हुड की कथित कब्र है

इंग्लैंड के मध्य में अभी भी एक कब्र है जिसमें कहा जाता है कि रॉबिन हुड की हड्डियाँ पड़ी हैं। रहस्यमय स्थान एक गाथागीत के साथ अच्छी तरह से फिट बैठता है जो नायक की दुखद मौत के बारे में बताता है। लेकिन कई तरह की विसंगतियां हैं।

इस बीच, हेलेन फिलिप्स सबसे पुराने लिखित स्रोतों की जांच करती है जो रॉबिन हुड के बारे में बताते हैं: 14 वीं शताब्दी से गाथागीत और कहानियां। मध्यकालीन ग्रंथों से क्या जानकारी प्राप्त की जा सकती है?

पुरातत्वविद् और धनुष विशेषज्ञ जुरगेन जंकमैन्स यह पता लगाना चाहते हैं कि किंवदंती के विकास में नायक के धनुष की क्या भूमिका है। निडेगेन कैसल में एक प्रयोग में, उन्होंने धनुष की भेदन और सटीकता का परीक्षण किया। क्या नॉटिंघम के शेरिफ के अच्छी तरह से सशस्त्र सैनिकों के खिलाफ रॉबिन हुड इस हथियार के साथ एक मौका खड़ा कर सकता था?

आचेन के इंजीनियर एंड्रियास होरबैक के साथ, जंकमैन रॉबिन हुड के बारे में कहानियों के सबसे शानदार अध्यायों में से एक की जांच करते हैं: "मास्टर शॉट", जिसमें एक तीर दूसरे को लंबाई में विभाजित करता है।

फ्रांसीसी आक्रमणकारियों के खिलाफ एक महान डाकू?

शायद ही कोई और शहर रॉबिन हुड के साथ नॉटिंघम, इंग्लैंड के जितना करीब से जुड़ा हो। यहां अभी भी कुछ स्थान हैं जो कहानियों में दिखाई देते हैं।

इतिहासकार माइक क्लार्क का मानना है कि उन्हें पता है कि गिरफ्तारी के बाद असली रॉबिन हुड को कहां कैद किया गया था। सभी निशान शहर के नीचे मध्यकालीन गुफा प्रणाली में ले जाते हैं।

इतिहासकार सीन मैकग्लिन इंग्लैंड और फ्रांस के बीच लंबे और जटिल संबंधों - और युद्धों की पड़ताल करते हैं।

ऐसा करने में, वह 1216 में फ्रांसीसी के लगभग भुला दिए गए आक्रमण में आता है - और एक प्रतिरोध सेनानी जो "कुलीन डाकू" के समान है: केंशम के विलियम। क्या वह असली रॉबिन हुड है?

हजारों सालों से हम मानव जाति के महान मिथकों से मोहित रहे हैं। अकथनीय घटनाएँ, पौराणिक स्थान और अलौकिक नायक पहेलियाँ छोड़ते हैं और कल्पना को हवा देते हैं। लेकिन क्या होगा अगर किंवदंतियां शुद्ध कल्पना से अधिक हों?

रॉबिन हुड का नाम सुनते ही आपके दिमाग में क्या आता है? क्या आप धनुष और तीर, शेरवुड वन, और नौकरानी मैरियन, फ्रायर टक, या नॉटिंघम के दुष्ट शेरिफ जैसे पात्रों के बारे में सोचते हैं? हो सकता है कि आपने डिज्नी संस्करण या इस प्रिय कहानी की कुछ पुरानी क्लासिक फिल्में देखी हों। लेकिन, क्या रॉबिन हुड की कहानी सच है? आइए इस आकर्षक कहानी में तल्लीन हों और तथ्य और कल्पना के बीच अंतर करें।

रॉबिन हुड का नाम सुनते ही आपके दिमाग में क्या आता है? क्या आप धनुष और तीर, शेरवुड वन, और नौकरानी मैरियन, फ्रायर टक, या नॉटिंघम के दुष्ट शेरिफ जैसे पात्रों के बारे में सोचते हैं? हो सकता है कि आपने डिज्नी संस्करण या इस प्रिय कहानी की कुछ पुरानी क्लासिक फिल्में देखी हों। लेकिन, क्या रॉबिन हुड की कहानी सच है? आइए इस आकर्षक कहानी में तल्लीन करें और तथ्य और कल्पना के बीच की खोज करें।

क्या रॉबिन हुड की कहानी सच है?

जितना हम यह सोचना पसंद करेंगे कि रॉबिन हुड की आधुनिक कहानी के सभी रोमांचकारी विवरण सत्य हैं, वास्तव में मामला इसके विपरीत है। मुझे यह जानकर बहुत दिलचस्प लगा कि रॉबिन हुड की हमारी अधिकांश छवियां तथ्य के बजाय कल्पना से विकसित हुई हैं। एक अनुस्मारक के रूप में, तथ्य जानकारी के समर्थन के सबूत के साथ वास्तविक, वास्तविक चीजों पर आधारित जानकारी के टुकड़े हैं। फिक्शन सभी काल्पनिक है, या कल्पना की गई चीजें हैं।

तथ्य

जब सवाल का जवाब देने की बात आती है, तो क्या रॉबिन हुड की कहानी सच है, केवल एक ही कठोर तथ्य प्रतीत होता है जो इस बात का समर्थन करता है कि वह अस्तित्व में था। और यहाँ वह तथ्य है - इंग्लैंड के यॉर्कशायर में एक कब्रिस्तान में, एक मकबरा है जिस पर लिखा है:

यहाँ इस छोटे से पत्थर के नीचे

झूठ रॉबर्ट, हंटिंगडन के अर्ल

तीरंदाज कभी नहीं था क्योंकि वह इतना अच्छा था

और लोग उन्हें रॉबिन हुड कहते थे

उसके और उसके आदमियों जैसे डाकू

क्या इंग्लैंड फिर कभी नहीं देख पाएगा।

इस मकबरे से (यदि वास्तव में यह विश्वसनीय है), हम कई बातों का निष्कर्ष निकाल सकते हैं जो रॉबिन हुड की कहानी का हिस्सा हैं और इस मध्यकालीन छवि का समर्थन करते हैं।

वह इंग्लैंड में रहे और मर गए।

उनका असली नाम रॉबर्ट था।

वह हंटिंगडन का अर्ल था।

वह एक अच्छा धनुर्धर था।

उन्हें रॉबिन हुड उपनाम दिया गया था।

उसके पास पुरुषों का अनुसरण था।

रॉबिन और उसके आदमी डाकू थे।

1247 में उनकी मृत्यु हो गई।

यदि आप इसके बारे में सोचते हैं, तो वास्तव में उसकी समाधि के पत्थर पर लिखे शब्दों में बहुत सारी जानकारी भरी हुई है! लेकिन बाकी कहानी का क्या?

मैं आपके बारे में नहीं जानता, लेकिन बचपन से मुझे याद है कि रॉबिन हुड और उनके मीरा पुरुष अच्छे लोग थे, जिन्होंने गरीबों को देने के लिए अमीरों से चुराया था। माना जाता है कि वे शेरवुड फ़ॉरेस्ट में एक ठिकाने में रहते थे और कहानी के प्राथमिक खलनायक, नॉटिंघम के शेरिफ के खिलाफ़ उन्होंने कई चालें चलीं। चतुर रॉबिन हुड ने हमेशा हरे रंग की पोशाक पहनी थी, मैरियन नाम की एक खूबसूरत लड़की से शादी की थी और उसका एक सबसे अच्छा दोस्त था जिसका नाम लिटिल जॉन था। रॉबिन और उसके आदमी अच्छे लोग थे जो अपने पसंदीदा राजा रिचर्ड द लायनहार्ट को उसके दुष्ट भाई जॉन से बचा रहे थे। (रिचर्ड आमतौर पर कहानी में बहुत दूर थे। आप जानते हैं क्यों? वह तीसरे धर्मयुद्ध पर थे!)

अब, यदि आप समाधि के पत्थर पर अनुच्छेद की समीक्षा करें, तो क्या आप कहानी के मेरे संस्करण से मेल खाने के लिए वहां कुछ भी देखेंगे? नहीं, तो आपको खुद से पूछना होगा: हमें रॉबिन हुड के बारे में हमारे विचार कहां से मिले? यह कहना सुरक्षित है कि कहानीकारों ने हम सभी को बहुत प्रभावित किया है। किसी कारण से, रॉबिन हुड ने इतिहासकारों के लेखन की तुलना में कहानीकारों, गायकों और नाटककारों की कल्पना को अधिक प्रभावित किया है। और ऐसा प्रतीत होता है कि हर कुछ पीढ़ियों में, एक कहानीकार मूल कहानी को और अधिक रोचक बनाने के लिए उसमें कुछ न कुछ जोड़ देता है! बस मनोरंजन के लिए, रॉबिन हुड की कहानी सच है या नहीं, यह निर्धारित करने में आपकी मदद करने के लिए आइए इनमें से कुछ परिवर्धन की अधिक बारीकी से जाँच करें!

रॉबिन हुड का नाम सुनते ही आपके दिमाग में क्या आता है? क्या आप धनुष और तीर, शेरवुड वन, और नौकरानी मैरियन, फ्रायर टक, या नॉटिंघम के दुष्ट शेरिफ जैसे पात्रों के बारे में सोचते हैं? हो सकता है कि आपने डिज्नी संस्करण या इस प्रिय कहानी की कुछ पुरानी क्लासिक फिल्में देखी हों। लेकिन, क्या रॉबिन हुड की कहानी सच है? आइए इस आकर्षक कहानी में तल्लीन करें और तथ्य और कल्पना के बीच की खोज करें।

साहित्य में रॉबिनहुड

रॉबिन हुड का पहला ज्ञात लिखित विवरण 1377 में विलियम लैंगलैंड द्वारा दिया गया है। पियर्स प्लोमैन नामक एक काम में, लैंगलैंड "रॉबिन हुड के छंदों" के बारे में एक क्षणभंगुर बयान देता है। इतिहासकारों का मानना है कि जिन "तुकबंदियों" की बात की गई थी, वे गाथागीत या गीत थे, जो रॉबिन को याद करने के लिए गाए गए थे। आप देखते हैं, उस समय लोग चीजों को लिखने के बजाय मुंह से ज्यादा सीखते और दोहराते थे। गीतों में कविताएँ डालने से उन्हें याद रखना आसान हो गया और उन्हें अधिक मनोरंजक बना दिया। लेकिन आपको यह जानने में दिलचस्पी हो सकती है कि रॉबिन के शुरुआती गाथागीतों में से किसी ने भी उसके बारे में कुछ नहीं कहा कि वह अमीरों से गरीबों को देने के लिए पैसे लेता है। न ही वे जॉली फ्रायर टक, मेड मैरियन या रिचर्ड द लायनहार्ट का उल्लेख करते हैं!

हालाँकि, शुरुआती गाथागीत लिटिल जॉन का उल्लेख करते हैं। ऐसा लगता है कि रॉबिन और लिटिल जॉन एक दूसरे के साथ एक चंचल लड़ाई के माध्यम से परिचित हुए। अंत में, वे प्रिय मित्र बन गए और कई अन्य पुरुषों के साथ डाकू के रूप में शामिल हो गए।

हालांकि किंवदंती रॉबिन और उसके आदमियों को "अच्छे" डाकू के रूप में चित्रित करती है, हम वास्तव में इसके बारे में निश्चित नहीं हो सकते।

शुरुआती गाथागीत बताते हैं कि रॉबिन काफी खून का प्यासा था और उसने अपने दुश्मनों (नॉटिंघम के शेरिफ सहित) के सिर काट दिए! अगर ऐसा होता, तो रॉबिन की अच्छी प्रतिष्ठा कहाँ से आ सकती थी? ठीक है, आपको उस समय पर विचार करना होगा जिसमें रॉबिन रहते थे। सामंती व्यवस्था टूट रही थी क्योंकि अमीर अधिक अमीर हो रहे थे और गरीब अधिक गरीब हो रहे थे। उच्च वर्ग में बहुत भ्रष्टाचार था। ऐसा लगता है कि रॉबिन के दुश्मन केवल वे ही थे जो अन्यायी, अन्यायी और गरीबों पर अत्यधिक कर लगाने वाले थे। विशेष रूप से, किंग जॉन (रिचर्ड द लायनहार्ट के भाई, जो रिचर्ड की मृत्यु के बाद इंग्लैंड के राजा बने) इंग्लैंड में किसानों पर अत्यधिक कर लगा रहे थे। इसलिए जब रॉबिन सिर काट रहा था, तो वह अपने साथी देशवासियों की रक्षा के लिए ऐसा कर रहा था। या तो किंवदंती जाती है।

शेरवुड जंगल

अब, मैं शेरवुड फ़ॉरेस्ट के बारे में बताता हूँ, जो एक वास्तविक फ़ॉरेस्ट है जो आज भी मौजूद है। आप देखते हैं, मध्यकालीन इंग्लैंड में, जंगल किसी भी भूमि का नाम था (सिर्फ पेड़ों वाला क्षेत्र नहीं) जिसे राजा या धनी रईसों ने अपनी निजी संपत्ति के रूप में नामित किया था। तो रॉबिन वहाँ ठिकाने में क्यों रह रहा था? यह हो सकता है कि वह वहाँ छिपा हो क्योंकि उसे वहाँ जाने की अनुमति नहीं थी! और उसके जंगल में रहने का कारण यह होगा कि भूमि शिकार करने के लिए जानवरों से भरी थी। रॉबिन और उसके डाकू जीवित रहने की कोशिश

कर रहे होंगे। वास्तव में इसमें कुछ भी गौरवशाली नहीं है।

आया मेरियन

रोमांस की बात करें तो, जैसा कि मैंने पहले उल्लेख किया है, रॉबिन के पहले गाथागीतों में उसके अस्थिर जीवन में प्रेमिका का कोई जिक्र नहीं है। लेकिन 1280 में, किसी ने एक फ्रांसीसी रोमांस लिखा जिसमें रॉबिन और मैरियन के नामों का इस्तेमाल किया गया था। एक बार मैरियन ने दिखाया, वह चारों ओर अटक गई, कहानी को थोड़ा और दिलचस्प और कहीं अधिक रोमांटिक बना दिया।

तपस्वी टक

एक और किरदार जो अटका हुआ है, वह है फ्रायर टक। (एक तपस्वी, वैसे, एक विशेष प्रकार का भिक्षु है।) तपस्वी टक को पहली बार 1475 में एक नाटक में पेश किया गया था। उनका चरित्र संभवतः रॉबर्ट स्टैफ़ोर्ड नामक एक वास्तविक जीवन के पुजारी पर आधारित था। मूल रूप से, फ्रायर टक को गंभीर और भक्त के रूप में वर्णित किया गया था। समय के साथ, हालांकि, फ्रायर टक एक हंसमुख लेकिन गैर-जिम्मेदार साथी बन गया। अफसोस की बात है कि उनके चरित्र ने सही ढंग से आलसी तरीके से प्रतिबिंबित किया हो सकता है कि कुछ तपस्वी प्रारंभिक पुनर्जागरण में, सुधार से ठीक पहले रहते थे।

1800 के दशक में, सर वाल्टर स्कॉट के शानदार लेखन के माध्यम से रॉबिन हुड की कहानी एक वास्तविक शिखर पर आ गई। उन्होंने इवान्हो को लिखा, जो ऐतिहासिक कथा साहित्य का काम है। साहित्य की इस उत्कृष्ट कृति में, रॉबिन हुड (कहानी में रॉबर्ट ऑफ लॉक्स्ले कहा जाता है) दूसरों के साथ मिलकर रिचर्ड द लायनहार्टेड को अपने प्रतिद्वंद्वी भाई, जॉन को हराने में मदद करता है। यह स्कॉट के लॉक्स्ले के विवरण से है कि हमारे पास रॉबिन हुड का अधिक आधुनिक चित्र है।

व्यक्तिगत रूप से, मुझे जो अधिक दिलचस्प लगता है वह यह है कि संयुक्त राज्य अमेरिका की स्थापना के बाद रॉबिन हुड की कहानियां उत्तरी अमेरिका में कैसे फैलीं। उदाहरण के लिए, हाल के वर्षों में अमेरिकियों ने रॉबिन हुड की साजिश के कॉमेडी बनाने का आनंद लिया है। ओपेरा लेखक, कार्टून निर्माता और पूर्ण पैमाने पर फिल्म निर्देशक सभी हमें हंसाने के लिए कहानी के साथ चले हैं। शायद आपने डिज्नी के रॉबिन हुड के संस्करण को देखा है जो रॉबिन को चित्रित करने के लिए एक लोमड़ी का उपयोग करता है, साथ ही साथ अन्य एनिमेटेड प्राणियों को क्लासिक को फिर से लिखने के लिए उपयोग करता है। मेरी खुशी के लिए, वार्नर ब्रदर्स के डैफी डक और बग्स बनी ने भी रॉबिन हुड का अभिनय किया है।

और केवल पिछले 15 वर्षों में, किसी ने कहानी में एक बिल्कुल नया चरित्र भी जोड़ दिया जो थोड़े अलग नामों के तहत फिर से दिखाई देता है। यह किरदार रॉबिन के एक मुस्लिम दोस्त का है। उन्हें कॉमेडी में नासिर, अज़ीम या असनीज़ भी कहा जाता है। इस नए किरदार से हम पहली बार देख सकते हैं कि समय के साथ कहानियां कैसे बदलती हैं। और ठीक ऐसा

ही रॉबिन हुड के साथ हुआ है।

इन सबसे ऊपर, मुझे लगता है कि रॉबिन हुड की कहानी बस उस आवश्यकता को पूरा करने के लिए बदलती है जो हम सभी को एक नायक के लिए लगती है। ऐसा प्रतीत होता है कि वह हम सब में अच्छी भावना का प्रतिनिधित्व करता है जो गलत को ठीक करने की आशा करता है। और यही बात रॉबिन हुड को एक क्लासिक कहानी बनाती है।

तो आपको क्या लगता है, क्या रॉबिन हुड की कहानी सच में सच थी? मुझे लगता है कि इसका उत्तर हां और ना में होगा।

2

डरावने रूसी राजा का खोया पुस्तकालय

डरावने रूसी ज़ार की खोई हुई लाइब्रेरी

- जिसके बारे में कहा जाता है कि इसमें प्राचीन पुस्तकों का एक पौराणिक संग्रह है - सदियों से पुरातत्वविदों को रोमांचित करती रही है। इस बात का कोई पुख्ता सबूत नहीं है कि पुस्तकालय पहले कभी अस्तित्व में था, लेकिन खोज जारी है और संभवतः कभी बंद नहीं होगी।

यह कहानी सदियों पहले शुरू हुई थी। 15वीं शताब्दी में तुर्कों ने कांस्टेंटिनोपल पर विजय प्राप्त की और सभी शक्तिशाली बीजान्टिन साम्राज्य को उखाड़ फेंका। रूढ़िवादी विश्वास के कई यूनानी भाग गए और अंतिम बीजान्टिन सम्राट कॉन्सटेंटाइन XI के भाई थॉमस पैलेओलोगस उनमें से थे। उन्होंने रोम में शरण ली, लेकिन इससे पहले नहीं (यदि किंवदंती

पर विश्वास किया जाए) प्रत्येक बीजान्टिन सम्राट द्वारा जोड़े गए पुस्तकालय को पैक करना और उसे अपने साथ ले जाना।

पुस्तकालय में लगभग 800 पुस्तकें हैं, जिनमें ग्रीक और रोमन साहित्य की अनूठी कृतियाँ शामिल हैं। उन्हें थॉमस की बेटी सोफिया पलैओलोगिना से विरासत में मिली थी, जिन्होंने रूस के लिए रोम छोड़ दिया और मास्को के ग्रैंड प्रिंस इवान III से शादी कर ली। यह सोफिया थी जो पुस्तकालय को रूस में लाई थी लेकिन संग्रह "इवान द टेरिबल (इवान IV) के पुस्तकालय" के रूप में प्रसिद्ध हो गया।

गंभीर सम्राट का खजाना

एक क्रूर प्रतिष्ठा वाले ज़ार, सोफिया के पोते, को न केवल पुस्तकालय विरासत में मिला (जिसे लिबर से "लिबरेया" के रूप में भी जाना जाता है - लैटिन में "पुस्तक"), लेकिन दुर्लभ फोलियो और पांडुलिपियों को इकट्ठा करने के लिए पूरे यूरोप में अपने लोगों को भेजकर इसका विस्तार किया। कुछ का मानना है कि इवान ने संग्रह को मास्को या किसी अन्य रूसी शहर में कहीं छिपा दिया था। 1584 में उनकी मृत्यु के बाद, पुस्तकालय बिना किसी निशान के गायब हो गया।

कम से कम, किंवदंती हमें यही बताती है। डेरप्ट (अब टार्टू, एस्टोनिया) के 19वीं सदी के इतिहासकार क्रिस्टोफर वॉन डाबेलोव ने दावा किया कि उन्होंने लापता संग्रह से फोलियो की एक सूची देखी है। इस तरह की खोज पवित्र कंघी बनानेवाले की रेती का पता लगाने के बराबर होगी, लेकिन किताबी कीड़ा के लिए, और सूची में कथित तौर पर टाइटस लिवियस के रोम के इतिहास के 142 खंड शामिल हैं (इतिहासकार वर्तमान में उनमें से केवल 35 से परिचित हैं), सिसरो के डे रे का एक पूर्ण संस्करण पब्लिका (पश्चिमी पुस्तकालयों में केवल अंशों को संरक्षित किया गया था), और वर्जिल की एक अज्ञात कविता ... नाम के लिए लेकिन कुछ पांडुलिपियां लाइबेरिया में स्पष्ट रूप से निहित थीं।

सिर्फ एक बड़ा धोखा?

दूसरी ओर, कई विशेषज्ञ पुस्तकालय के अस्तित्व को लेकर संशय में रहते हैं। सेंट पीटर्सबर्ग स्टेट यूनिवर्सिटी में रूसी इतिहास के एक एसोसिएट प्रोफेसर अलेक्जेंडर फिल्युस्किन ने कोम्सोमोल्स्काया प्रावदा को बताया कि उन्हें किंवदंती पर संदेह क्यों है।

सबसे पहले, उन्होंने कहा, यह बहुत कम संभावना है कि थॉमस पेलोलोगस का परिवार जो रोम भाग गया था, उसने धन जुटाने के लिए लाइबेरिया का कम से कम हिस्सा नहीं बेचा। दूसरे, उनका कहना है कि पुस्तकालय से संबंधित सभी स्रोतों पर पूरी तरह भरोसा नहीं किया जा सकता है। उदाहरण के लिए, वॉन दाबेलोव - जो सूची खोजने के बारे में शेखी बघारते थे - किसी को दस्तावेज़ दिखाने में विफल रहे।

16वीं से 18वीं शताब्दी के कुछ यूरोपीय कालक्रमों ने पौराणिक पुस्तकालय का उल्लेख किया है, लेकिन यह हमेशा बिना किसी ठोस प्रमाण के एक मिथक की तरह लगता है, फिल्युस्किन का मानना है।

अथक खोजकर्ता

विशेषज्ञों का मानना है कि अगर इवान द टेरिबल का पुस्तकालय मौजूद होता तो भी इसे आसानी से नष्ट किया जा सकता था। मॉस्को 16वीं और 17वीं सदी (1547, 1571, और 1626) के दौरान तीन बड़ी आग से बच गया था, जो एक छिपे हुए पुस्तकालय को पूरी तरह जला सकता था। एक अन्य सिद्धांत अधिक दूर की कौड़ी है: 17 वीं शताब्दी की शुरुआत में रूस पर आक्रमण करने वाले डंडे मॉस्को के क्रेमलिन में घिरे होने के बाद भोजन से बाहर हो गए थे, इसलिए फोलियो के चमड़े के कवर खा गए और जो बचा था उसे नष्ट कर दिया।

नाजियों द्वारा चुराए गए सांस्कृतिक खजाने एम्बर रूम को कहां खोजें

फिर भी, संशयवाद ने उत्साही लोगों को ज़ार के साहित्यिक खजाने पर जाप करने की आशा में रूसी राजधानी की खुदाई करने से नहीं रोका। लोगों ने मास्को के बाहर भी व्यर्थ में खोज की है - उदाहरण के लिए, इवान का प्रिय शहर वोलोग्डा (मास्को से 465 किमी उत्तर) और एलेक्जेंड्रोव क्रेमलिन (मॉस्को से 121 किमी उत्तर-पूर्व) जहां इवान 1565 से 1584 तक रहता था।

और निश्चित रूप से, कई लोगों को संदेह है कि मॉस्को क्रेमलिन लाइबेरिया को छुपा रहा है।

पुरातत्वविदों और साहसी लोगों ने पूरे वर्षों में अनगिनत स्थानों की जांच की है: 19वीं सदी के सम्राट और यहां तक कि जोसेफ स्टालिन ने वैज्ञानिकों को क्रेमलिन में जाने दिया,

इस उम्मीद में कि उन्हें बीजान्टियम की बेशकीमती किताबें मिल जाएंगी, लेकिन कोई फायदा नहीं हुआ।

"अगर किसी को पुस्तकालय मिल जाता है तो वे यूरी गगारिन के रूप में प्रसिद्ध होंगे" फिल्युस्किन का मानना है। लाइबेरिया की असंभाव्यता के बावजूद, यह एक लोकप्रिय मिथक बना हुआ है। मॉस्को के एक पुरातत्वविद् अलेक्जेंडर वेक्सलर ने एक साक्षात्कार में मजाक में कहा, "बेशक इवान द टेरिबल का पुस्तकालय मौजूद है। यह कैसे अस्तित्व में नहीं हो सकता है अगर यह इतने लंबे समय से पत्रकारों को लिखने के लिए सामग्री खिला रहा है?"

पुरातत्वविद् और इतिहासकार इग्नाटियस स्टेल्लेट्स्की इवान द टेरिबल के खोए हुए पुस्तकालय को खोजने के विचार से ग्रस्त थे। उसने मास्को के भूमिगत भाग में अपनी खोज शुरू की। प्रथम विश्व युद्ध ने उन्हें ब्रेक लेने के लिए मजबूर किया, लेकिन उन्होंने अपना उद्यम जारी रखा। कुछ भी उसे उसकी खोज से नहीं रोक सका। ऐसा कहा जाता है कि अपनी मृत्युशय्या पर उन्होंने कूट संकेत दिया था कि उनका सपना सच हो गया है।

दुनिया भर के लोग डैन ब्राउन और उनके जैसे लोगों की तीव्र कल्पना द्वारा बनाए गए विभिन्न ऐतिहासिक, रहस्यवादी और मनोवैज्ञानिक छद्म रहस्यों की व्याख्या करने के लिए उत्सुक हैं। और यह आश्चर्य की बात है कि वास्तविक इतिहास के सबसे प्रभावी और दिखावटी रहस्यों में से एक को व्यापक जनता के सामने प्रकट नहीं किया जाता है। यह सक्रिय, शायद, बहुत सक्रिय सामाजिक पदों वाले लोगों के घनिष्ठ चक्र के बारे में जागरूक है। यह तथाकथित लाइबेरिया या रूसी ज़ार इवान वासिलीविच उर्फ इवान द टेरिबल से संबंधित पुस्तकालय से संबंधित है जो रहस्यमय तरीके से गायब हो गया।

लाइबेरिया का अफ्रीका के देश लाइबेरिया से कोई लेना-देना नहीं है। लैटिन शब्द "लिबर" का अर्थ "पुस्तक" है, इसलिए लाइबेरिया का अर्थ है पुस्तकालय, ग्रीक में पुस्तकों का संग्रह। लाइबेरिया इवान द टेरिबल से संबंधित पुस्तकों का संग्रह है और पुस्तकें सबसे अधिक मूल्य की थीं। इवान वासिलीविच के कथित पुस्तकालय का महत्व सबसे पहले निर्धारित किया गया है कि यह कॉन्स्टेंटिनोपोलिटन मूल का है। बीजान्टिन साम्राज्य के शासकों, पूर्व ओरिएंटल रोमन साम्राज्य ने पुराने समय में माना जाता है कि दुर्लभ प्राचीन और प्रारंभिक मध्यकालीन पेपिरस, किताबें और पांडुलिपियां एकत्र की थीं। XV सदी के मध्य में बीजान्टिन साम्राज्य तुर्क तुर्की राष्ट्र के हमले के तहत गिर गया और पुस्तकों के इस अमूल्य संग्रह को कॉन्स्टेंटिनोपल से खाली कर दिया गया।

सबसे दिलचस्प तथ्य यह है कि पालेओलोगस परिवार की बीजान्टिन राजकुमारी सोफिया, जो नवीनतम सम्राट की भतीजी है, ने मास्को के महान राजकुमार इवान III से शादी की और यह कहा गया कि वह दहेज के रूप में अपने पूर्वजों की कीमती पुस्तकालय के साथ रूस पहुंची . इसके अलावा संग्रह को नए आगमन के साथ फिर से भर दिया गया, मुख्य रूप से दुर्लभ चर्च की किताबों के साथ और इवान द टेरिबल के शासन के समय तक संग्रह

800 से अधिक दुर्लभ और सबसे अमूल्य संस्करणों का था। तथाकथित «दाबेलोव की सूची» से विवाद के तहत जानकारी के अनुसार, पुस्तकालय में आधुनिक विज्ञान और संस्कृति के लिए ऐसी बेकार किताबें थीं जैसे कि टाइटस लिवियस द्वारा «इतिहास» का पूर्ण संस्करण (आज 142 संस्करणों में से केवल 5 उपलब्ध हैं) ; मिस्र, फोनीशिया, यहूदिया, चीन और भारत की प्राचीन पांडुलिपियों में प्राचीन पांडुलिपियां शामिल हैं और आप उस खजाने को प्राप्त करेंगे जो सांस्कृतिक रूप से अमूल्य है और जिसका मूल्यांकन अरबों या कभी-कभी कई अरब डॉलर में किया जाता है। इस पुस्तकालय के बारे में बहुत कम जानकारी है क्योंकि इसे विशेष गुप्त कक्ष में छुपाया गया था।

मॉस्को क्रेमलिन के पांच अलग-अलग बिंदुओं में खजाने को खोजने के लिए खुदाई का काम करने वाले शुरुआती XVIII सदी के बाद से बहुत से लोग गुप्त स्थान पर जाने के इच्छुक थे, हालांकि सभी असफल रहे। पुस्तकालय को पिछली शताब्दी के उत्तरार्ध में खोजा गया था और पिछली शताब्दी के 30 के दशक में स्टालिन ने व्यक्तिगत रूप से क्रेमलिन के क्षेत्र में खुदाई कार्य करने की अनुमति दी थी। 90 के दशक से काम तेज हो गया हालांकि कुछ नहीं मिला। बहुत सारे अनुमान और संस्करण गुप्त स्थान के स्वभाव के बारे में भ्रम पैदा करते हैं जो लगभग साठ है जहां इवान द टेरिबल के आदेश से किताबें दफन की गई थीं। सबसे सामान्य और संभावित संभावित स्थानों में मॉस्को क्रेमलिन, हाउस बाय पशकोव शामिल हैं जहां कई भूमिगत लाइनें स्थित हैं, जब मध्ययुगीन कुओं का डेटा भूमिगत स्टेशन के निर्माण के दौरान आया था, रीगल निवास कोलोमेन्स्कोए, एलेक्जेंड्रोव्स गांव, «राजधानी» oprichnina (विशेष प्रशासनिक) ज़ार इवान द टेरिबल के तहत अभिजात वर्ग; इसका क्षेत्र और सेना) और वोलोग्दा यहाँ इवान द टेरिबल नियमित रूप से आते थे। सबसे बड़ी समस्या यह है कि इवान द टेरिबल द्वारा पुस्तकालय विशाल है लेकिन इतना बेकार संग्रह नहीं है जिसमें मुख्य रूप से मध्यकालीन चर्च की किताबें हैं।

मुद्दा यह है कि योग्य इतिहासकार विभिन्न न्यायोचित मतों और शंकाओं को संचालित करते हैं कि इवान द टेरिबल द्वारा पुस्तकालय में दुर्लभ प्राचीन पुस्तकें और कॉन्स्टेंटिनोपॉलिटन सम्राटों द्वारा संग्रह से जो भी पुस्तकें हैं। इस बात का कोई डेटा नहीं है, सबसे पहले, कि पैलियोलोगस परिवार की सोफिया सैकड़ों किताबों को छोड़कर किसी भी किताब के साथ मॉस्को पहुंची। बीज़ान्टिन साम्राज्य के शाही परिवार के सदस्यों के बाद से वह अपने साथ कुछ भी लाने में सक्षम नहीं थी, उन पर कुछ सामान के साथ राजधानी से भाग गए और आगे उनकी वित्तीय स्थिति समृद्ध नहीं थी अगर मुश्किल नहीं थी। यहां वे अपनी वित्तीय स्थिति में सुधार के लिए उनमें से कुछ को बेचने से नहीं चूकेंगे। फिर भी, सोफिया किसी से भी शादी करने में विफल रही, क्योंकि "निपुण लड़की" से शादी करने वाले युवकों में से कोई नहीं था।

इसके अलावा, लाइबेरिया सिद्धांत के अनुयायियों द्वारा माने जाने वाले अविश्वसनीय साक्ष्य हैं। उनमें से कुछ बाद में विकृत हो गए थे और उनमें से कुछ अप्रामाणिक पाए गए थे,

जैसा कि बहुचर्चित «दाबेलोव द्वारा सूची»।

उनके पास इवान द टेरिबल से संबंधित पुस्तकों के भाग्य पर चर्चा करने के लिए बहुत कुछ है। निजी संग्रह और राज्य लाइब्रेरियन अभिलेखागार में उनके द्वारा बनाए गए निशान को परिभाषित करना संभव है। इसलिए, ऐतिहासिक रहस्यों के शौकीनों को पिछले समय के रहस्यों पर दूसरी किंवदंती मिलने की संभावना है।

माना जाता है कि प्रसिद्ध पुस्तकालय अब भी कुछ भूमिगत तिजोरी में छिपा हुआ है, जिसे खोजने के लिए पीढ़ियों के प्रयास अब तक विफल रहे हैं। यह इवान द टेरिबल था - जिसकी एक महान शासक के रूप में प्रतिष्ठा को उसकी असाधारण ज्यादतियों के आकर्षण ने अस्पष्ट कर दिया था - जिसने रूस में प्रिंटिंग प्रेस की स्थापना की।

इस जिज्ञासु पुस्तकालय के एक दिन खोजे जाने की स्थिति में क्या प्रकाश में नहीं आ सकता है, इस बारे में अनुमान का एक विस्तृत क्षेत्र है। इवान द टेरिबल हमारे गोलार्ध के सभी शासकों के साथ घनिष्ठ संपर्क में था, लंदन से लेकर पेकिंग तक, इस खोए हुए पुस्तकालय में ज्ञान की एक शाखा का अच्छी तरह से प्रतिनिधित्व होना लगभग तय है, और वह है काले जादू का विज्ञान। यह समान रूप से संभव है कि पवित्र शास्त्र के नए कोड अभी भी प्रकाश में आ सकते हैं, क्योंकि इवान द टेरिबल ने आम भाषा में शास्त्रों को छापने का उपक्रम किया। केवल एक बात निश्चित है - कि ऐसा पुस्तकालय अस्तित्व में था और कभी नहीं मिला।

सदियों से लोगों के बीच भूमिगत मार्ग की एक भूलभुलैया की किंवदंतियां मौजूद हैं, लेकिन यह केवल पिछले एक दशक के भीतर ही है कि रूस की "प्रमुख राजधानी" में किए गए आधुनिक तर्ज पर बहुत व्यापक निर्माण उद्यम ने इन प्राचीन किंवदंतियों को पदार्थ दिया है। इन ऑपरेशनों के दौरान कई भूमिगत मार्ग प्रकाश में आए।

3

इस्राएल के खोए हुए गोत्रों का क्या हुआ?

इज़राइल की स्थापना

संयुक्त राष्ट्र ने 29 नवंबर, 1947 को फिलिस्तीन को यहूदी और अरब राज्यों में विभाजित करने के लिए मतदान किया, जिसका फिर से अरबों ने विरोध किया। हालाँकि, 14 मई, 1948 को इज़राइल राज्य की घोषणा ने एक यहूदी मातृभूमि के ज़ायोनीवादी के सपने को पूरा किया।

हालांकि, घोषणा के कुछ ही दिनों के भीतर अरब राज्यों की सेनाओं: जॉर्डन, लेबनान, इराक, सीरिया और मिस्र ने इज़राइल राज्य पर हमला किया। लेकिन इज़राइल अरबों को हराने में सफल रहा। अरबों के पलायन के बाद, इजरायल यहूदी समुदाय का सबसे बड़ा घर बन गया।

यहूदी लोगों ने 4,000 से अधिक वर्षों से इज़राइल की भूमि पर अपना दावा किया है, जो कि पूर्व-ऐतिहासिक काल से है। यहूदियों के इतिहास और इज़राइल राज्य के लिए उनकी लड़ाई के बारे में जानने के लिए आपको जो कुछ भी जानने की जरूरत है, उसे पढ़ें।

यहूदी एजेंसी के तत्कालीन प्रमुख डेविड बेन-गुरियन ने 14 मई, 1948 को इज़राइल की स्थापना की घोषणा की। उस दिन उद्घोषणा के तुरंत बाद यहूदियों और अरबों के बीच युद्ध छिड़ गया।

मिस्र द्वारा हवाई हमले और तेल अवीव में एक ब्लैकआउट के बीच, यहूदियों ने अपने राष्ट्र के पुनर्जन्म का जश्न मनाया, विशेष रूप से संयुक्त राज्य अमेरिका द्वारा इज़राइल राज्य की मान्यता की खबर के बाद।

फिलिस्तीन में इजरायल की भूमि पर यहूदी दावा: समझाया गया

एक आम गलत धारणा के विपरीत कि यहूदी अपने देश को वापस मांगते हुए फिलिस्तीन लौट आए, वास्तविकता अन्यथा बताती है। यहूदी लोगों ने 4,000 से अधिक वर्षों से

इज़राइल की भूमि पर अपना दावा किया है, जो कि पूर्व-ऐतिहासिक काल से है।

यहूदी लोग दावा करते हैं कि परमेश्वर ने कुलपिता इब्राहीम को इस्राएल की भूमि देने का वादा किया था। वे यह भी दावा करते हैं कि यहूदी लोगों ने जिस भूमि का विकास किया था वह युद्धों और आक्रमणों के दौरान कब्जा कर लिया गया था।

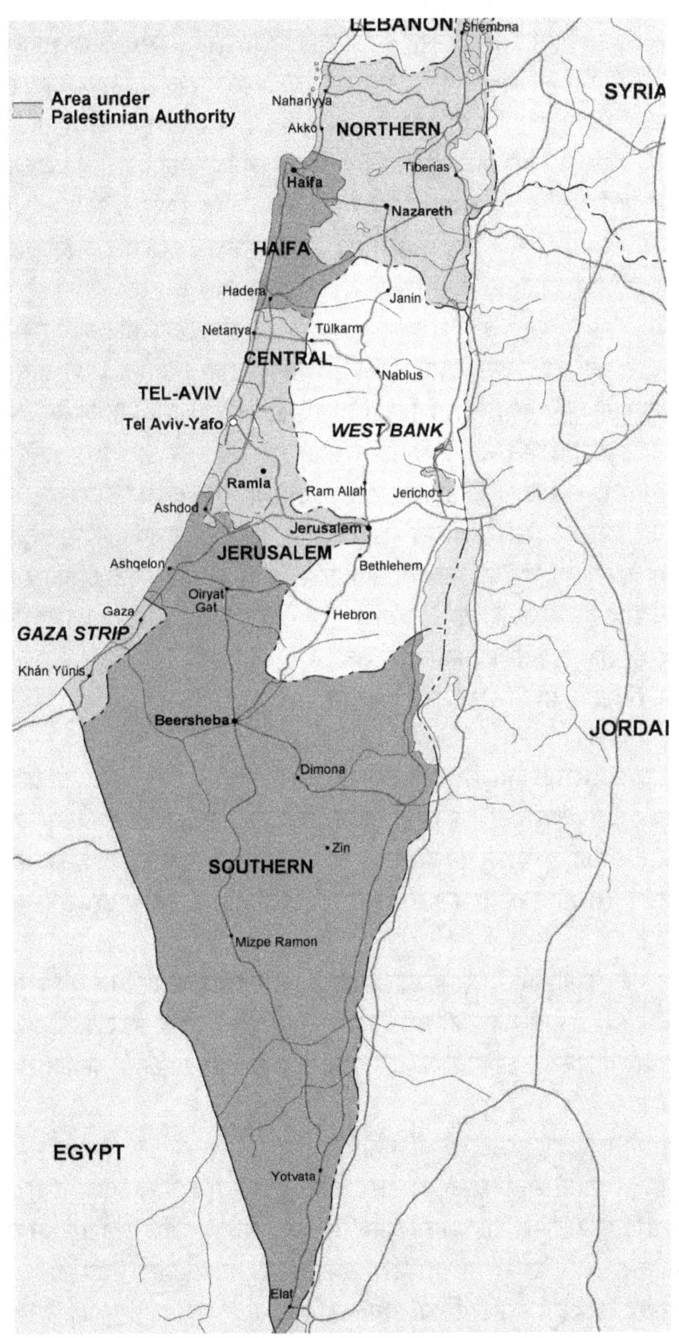

Area under Palestinian Authority
LEBANON
Shembna
SYRIA
Nahariyya
NORTHERN
Akko
Tiberias
Haifa
Nazareth
HAIFA
Hadera
Janin
Netanya
Tülkarm
CENTRAL
Nablus
TEL-AVIV
Tel Aviv-Yafo
WEST BANK
Ramla
Ram Allah
Jericho
Ashdod
Jerusalem
JERUSALEM
Ashqelon
Bethlehem
Oiryat Gat
Gaza
Hebron
GAZA STRIP
Khán Yünis
Beersheba
JORDAN
Dimona
Zin
SOUTHERN
Mizpe Ramon
EGYPT
Yotvata
Elat

इज़राइल की खोई हुई जनजातियों की तलाश में

इज़राइल की खोई हुई जनजातियों की तलाश में भारत, कश्मीर और अफ़ग़ानिस्तान में ईसा (अ.स.) की यात्रा को बाइबिल, ऐतिहासिक और पारंपरिक साहित्य का पुरजोर समर्थन प्राप्त है। इन क्षेत्रों के कुछ निवासियों ने अनादिकाल से खुद को 'बेनी इज़राइल' कहा है, और इज़राइली मूल होने पर गर्व करते हैं। इज़राइल की जनजातियों की यात्रा का समर्थन करने वाले ऐतिहासिक साक्ष्य सम्मोहक हैं। इन लोगों की परंपराओं से पता चलता है कि वे सीरिया से उत्पन्न हुए थे और नव-बेबीलोनियन साम्राज्य पर शासन करने वाले राजा (सी। 605 ईसा पूर्व-562 ईसा पूर्व) बुख्तुनसर (नबूकदनेस्सर) द्वारा कैद में ले लिए गए थे। नबूकदनेस्सर ने 597 ईसा पूर्व में यरूशलेम पर विजय प्राप्त की और 587 ईसा पूर्व में शहर और मंदिर दोनों को नष्ट कर दिया; उसने अधिकांश यहूदी आबादी को बाबुल भेज दिया और उन्हें फारस और मीडिया के विभिन्न हिस्सों में उपनिवेशवादी के रूप में बसाया। वे बाद में घोर (मध्य अफगानिस्तान) के पहाड़ी देश में पूर्व की ओर आ गए। उन्हें पड़ोसी लोगों द्वारा 'बनी अफगान' और 'बनी इज़राइल,' या 'अफगान के बच्चे' और 'इज़राइल के बच्चे' कहा जाता था। इस प्रकार, मध्य पूर्व में एक आम मूल से, नबूकदनेस्सर द्वारा यहूदियों के निष्कासन के कारण यूरोप, अफ्रीका और एशिया में यहूदी समुदायों की स्थापना, जिसे यहूदी डायस्पोरा कहा जाता है। यहूदी प्रवासी (या केवल 'द डायस्पोरा'), निर्वासन का वर्णन करने के लिए इस्तेमाल किया जाने वाला शब्द है।

इज़राइल की खोई हुई जनजातियाँ कौन हैं?

इस्राएल के 12 बेटे इस्राएल के 12 गोत्र बन गए। परमेश्वर ने उन्हें मिस्र की दासता से मुक्त किया और उन्हें देश - इस्राएल - में ले आए जिसकी प्रतिज्ञा उन्होंने उनके पूर्वजों से की थी।

सदियों बाद, राजा सुलैमान की मृत्यु के बाद, इस्राएलियों ने अपने राज्य को दो भागों में बाँट दिया। उत्तर 10 गोत्रों वाला इस्राएल बन गया। दक्षिण में अन्य दो गोत्रों को यहूदा कहा जाता था।

722 ईसा पूर्व में, असीरिया ने इज़राइल के उत्तरी साम्राज्य पर विजय प्राप्त की। जबकि 10 उत्तरी कबीलों में से कई यहूदा में बस गए, इन कबीलों के कुछ सदस्य भाग गए, उन्हें बंदी बना लिया गया या अन्य देशों में भेज दिया गया। इन्हें 10 "खोई हुई जनजातियों" के रूप में जाना जाता है।

इज़राइल की खोई हुई जनजातियाँ कहाँ गईं?

इस्राएल के 10 गोत्रों से बन्धुओं को उत्तर, दक्षिण और पूर्व में ले जाया गया। कुछ जो कैद से भागे थे वे दक्षिण में मिस्र चले गए थे जबकि अन्य पूर्व की ओर ओरिएंट में व्यापार मार्गों का अनुसरण करते थे, कुछ ने सहस्राब्दियों तक अपना प्रवास जारी रखा।

इज़राइल की खोई हुई जनजातियाँ अब कहाँ हैं?

क्या वे गायब हो गए? क्या वे अन्य समाजों में आत्मसात हो गए? क्या उन्हें सताया गया

और मिटा दिया गया?

जिन देशों में वे अब रहते हैं, उनमें से कई में सदियों से उत्पीड़न के कारण, कई लोगों ने गुप्त रूप से अपने विश्वास का अभ्यास करके अपनी यहूदी विरासत को छुपाया। कुछ को स्थानीय रूप से यहूदी के रूप में जाना जाता है - और इसके कारण पूर्वाग्रह और उत्पीड़न का सामना करना पड़ता है - लेकिन हाल ही में दुनिया के बाकी हिस्सों के लिए जाना जाता है।

पिछले 75 वर्षों में, इथियोपिया, जिम्बाब्वे, भारत, चीन और अन्य आश्चर्यजनक देशों में यहूदी समुदाय ज्ञात हो गए हैं। कुछ लोगों के लिए इससे भी अधिक आश्चर्य की बात यह है कि इन देशों में रहने वाली लॉस्ट ट्राइब्स के सदस्य इन क्षेत्रों के मूल निवासी अन्य लोगों की तरह दिखते हैं।

हालांकि "लॉस्ट ट्राइब्स" पाए जाते हैं, नाम अटक गया क्योंकि यह उनके इतिहास के बारे में बहुत कुछ कहता है।

जब लोग "इज़राइल की खोई हुई जनजातियों" का उल्लेख करते हैं, तो उनके मन में आमतौर पर उत्तरी साम्राज्य की दस जनजातियाँ होती हैं जो लगभग 722 ईसा पूर्व असीरिया में गिर गईं। ये गोत्र रूबेन, शिमोन, लेवी, दान, नप्ताली, गाद, आशेर, इस्साकार, जबूलून और यूसुफ हैं (जिनका गोत्र एप्रैम और मनश्शे के गोत्रों में विभाजित था)। उत्तरी साम्राज्य के अधिकांश लोगों को प्राचीन अश्शूर में निर्वासित कर दिया गया था। बहुत से यहूदी जो उस देश में रह गए थे, उन्होंने कूथा, अवा, हमात, और सपर्वैम के लोगों से ब्याह किया, जिन्हें अश्शूर के राजा ने शोमरोन में रहने के लिथे भेजा या। इस प्रकार, कहानी आगे बढ़ती है, इज़राइल की दस उत्तरी जनजातियाँ इतिहास में "खो" गईं और या तो मिटा दी गईं या अन्य लोगों के समूहों में आत्मसात कर ली गईं। हालाँकि, यह कथा प्रत्यक्ष बाइबिल शिक्षा के बजाय अनुमान और धारणा पर आधारित है।

इस्राइल के दस "खोई हुई" जनजातियों के साथ क्या हुआ, इसके बारे में कई रहस्य, किंवदंतियाँ और परंपराएँ हैं। एक किंवदंती कहती है कि दस जनजातियाँ यूरोप में चली गईं (डैन्यूब नदी, वे कहते हैं, दान के गोत्र से इसका नाम मिला)। एक अन्य किंवदंती कहती है कि जनजातियाँ पूरे रास्ते इंग्लैंड चली गईं और आज सभी एंग्लो-सैक्सन वास्तव में यहूदी हैं - यह विधर्मी ब्रिटिश इज़राइलवाद की शिक्षा है। दुनिया भर में समूहों की एक आश्चर्यजनक संख्या "खोई हुई" जनजातियों के वंशज होने का दावा करती है: भारत, नाइजीरिया, इथियोपिया, पाकिस्तान, अफगानिस्तान और उत्तरी अमेरिका में ऐसे लोग हैं जो सभी ऐसे वंश का दावा करते हैं। अन्य सिद्धांत जापानी या अमेरिकी भारतीयों को इज़राइल की दस "खोई हुई" जनजातियों के साथ समानता रखते हैं।

सच्चाई यह है कि "इस्राएल के खोए हुए गोत्र" वास्तव में कभी नहीं खोए थे। बहुत से यहूदी जो अश्शूर की विजय के बाद देश में रह गए थे, दक्षिण में यहूदा के साथ फिर से मिल गए। अश्शूर को बाद में बाबुल ने जीत लिया, जो दो शेष जनजातियों: यहूदा और बेंजामिन को निर्वासित करते हुए, इज़राइल के दक्षिणी राज्य पर आक्रमण करने के लिए चला गया।

इस प्रकार उत्तरी जनजातियों के अवशेष बेबीलोनियन निर्वासन का हिस्सा रहे होंगे। सत्तर साल बाद, जब राजा कुसू ने इस्राएलियों को इस्राएलियों को लौटने की अनुमति दी, तो कई (सभी बारह गोत्रों में से) अपनी मातृभूमि के पुनर्निर्माण के लिए इस्राएल लौट आए।

यह विचार कि इस्राएल के दस गोत्र "खो" गए थे, झूठा है। परमेश्वर जानता है कि सभी बारह गोत्र कहाँ हैं, और जैसा कि बाइबल स्वयं प्रमाणित करती है, वे सभी गिने हुए हैं। अंत समय में, परमेश्वर बारह गोत्रों में से प्रत्येक से गवाहों को बुलाएगा। तो, जाहिर है, भगवान इस बात पर नज़र रखता रहा है कि कौन किस गोत्र का है।

सुसमाचारों में, भविष्यवक्ता अन्ना आशेर के गोत्र से थी (कथित रूप से खोई हुई दस जनजातियों में से एक)। अन्ना बिल्कुल भी नहीं हारे थे। जकर्याह और एलिज़ाबेथ दोनों - और इसलिए जॉन बैपटिस्ट - लेवी के गोत्र से हैं। यीशु ने शिष्यों से वादा किया कि वे "सिंहासनों पर बैठकर इस्राएल के बारह गोत्रों का न्याय करेंगे"। पॉल, जो जानता है कि वह बिन्यामीन के गोत्र से है, "वादा की बात करता है कि हमारे बारह गोत्रों को पूरा होने की उम्मीद है क्योंकि वे दिन-रात भगवान की सेवा करते हैं" - वर्तमान काल पर ध्यान दें। जेम्स ने अपने पत्र को "अन्यजातियों के बीच तितर-बितर बारह गोत्रों" को संबोधित किया। संक्षेप में, पवित्रशास्त्र में पर्याप्त प्रमाण है कि इस्राएल के सभी बारह गोत्र अभी भी अस्तित्व में हैं और मसीहाई राज्य में होंगे। उनमें से कोई भी खोया नहीं है।

4

वेरोनिका का रहस्यमय घूंघट

वेरोनिका का रहस्यमय घूंघट:सच या चमत्कार?

क्रॉस के कैथोलिक स्टेशनों के अनुसार, एक बार एक महिला थी जिसने ईसा मसीह के चेहरे से पसीने और खून को एक कपड़े से पोंछ दिया था, क्योंकि उन्होंने अपने स्वयं के क्रॉस को कलवारी तक ले जाने की यातनापूर्ण यात्रा को सहन किया था। इस महिला को पूरे चौदह में से छठे स्टेशन में चित्रित किया गया है, जिसका शीर्षक है 'वेरोनिका वाइपिंग द फेस ऑफ जीसस'। किंवदंती बाकी कहानी को एक चमत्कारी के रूप में बताती है। कुछ का मानना है कि मसीह के पसीने ने कपड़े पर अपने चेहरे की छाप छोड़ी, उपचार गुणों को उसके कपड़े में स्थानांतरित कर दिया। दूसरों ने समय के साथ अवशेष पर अपना हाथ रखने पर दिया,

(इसकी उपचार शक्ति के साक्षी होने के कुछ वास्तविक दावों के साथ), या एक प्रतिकृति के कब्जे में होने के लिए।

पोप बेनेडिक्ट सोलहवें ने खुद भी 2006 में इस तरह के दावे का आकलन करने के लिए इटली के मैनोप्पेलो के पहाड़ों में एक दूरस्थ मठ की यात्रा की थी। सबसे हाल के दावे छोटे शहर मैडिसनविले, टेनेसी से आए हैं, जहां टुकड़े की एक प्रतिकृति पेंटिंग, 150 साल से खो जाने के बाद, एक मोबाइल घर से चोरी हो गया और बाद में सेंट जोसेफ द वर्कर चर्च में ले जाया गया। इस घटना का इतिहास, घूंघट ही, और बाद के संबंधित कलात्मक टुकड़े कई अभिलेखीय और विद्वानों के कार्यों के विषय हैं, जिनकी समय के साथ जांच की गई है।

यह उल्लेखनीय है कि वेरोनिका और घूंघट क्रॉस के स्टेशनों में अच्छी तरह से स्थापित तत्व हैं, (कैथोलिक चर्च का एक अभ्यास प्रारंभिक ईसाइयों द्वारा बनाई गई मूल तीर्थयात्रा के प्रतीक के रूप में विकसित किया गया था, जो गोलगोथा के लिए यीशु की कष्टदायी यात्रा के प्रतिनिधित्व में था। चौदह। स्टेशनों को इस यात्रा की सबसे प्रमुख घटनाओं का उदाहरण माना जाता है, जो भक्तों द्वारा प्रार्थना और ध्यान में याद किए जाते हैं क्योंकि वे प्रत्येक को पास करते हैं), और यह इन शुरुआती तीर्थयात्राओं के समय के करीब कहा जाता है कि स्टेशनों में उनकी घटना का समावेश हुआ। कुछ अनुमान लगाते हैं कि तीर्थयात्राओं से घर लाए गए टुकड़ों से मंदिर बनाने वाले ऐसे कई प्रतिभागियों के आगामी अभ्यास के साथ-साथ आधुनिक प्रतिनिधित्व हुआ, जैसे कि मसीह की कब्र के पास जलने वाले लैंप से तेल और यात्रा से स्मृति चिन्ह के रूप में कुछ अन्य यादगार माने जाते हैं।

वेरोनिका कौन है?

हालाँकि, घूंघट के साथ विशिष्ट घटना का बाइबिल में कोई उल्लेख नहीं है, इसकी तुलना पिलाटे के अधिनियमों में की गई है (एक एपोक्रिफल टुकड़ा जिसे 'गोस्पेल ऑफ निकोडेमस' भी कहा जाता है) को नए नियम के सुसमाचारों में एक महिला के रूप में जाना जाता है, जिसे यीशु ने छुआ था। लहूलुहान रोग से तुरंत ठीक हो गए (मरकुस 5:24-34; मत्ती 9:18-26; लूका 8:40-56)। पिलातुस के अधिनियमों को व्यापक रूप से पोंटियस पीलातुस के रिकॉर्ड माना जाता है (यहूदिया के रोमन गवर्नर ने मसीह के क्रूस पर चढ़ाई के लिए जिम्मेदार कहा), जो उनके शासन के समय लिखा गया था। हालांकि, विद्वानों द्वारा यह नोट किया गया है कि अभिलेख शैली और संरचना में अजीब अनियमितता के साथ रचे गए हैं, जैसे कि केवल एक के बजाय कई व्यक्तियों द्वारा लिखे गए हों। इस तरह की अनियमितताओं ने कुछ लोगों को इन दस्तावेजों की प्रामाणिकता पर सवाल उठाने के लिए प्रेरित किया है।

वेरोनिका नाम के प्रयोग से कुछ जिज्ञासा भी उत्पन्न हुई है। लैटिन से अनुवादित, शब्द "वेरा", जिसका अर्थ है "स्पष्ट या सत्य," और "आइकोना," (या ग्रीक "इकॉन"), जिसका

अर्थ है "छवि," एक साथ "वेरोनिका" या "ट्रू इमेज" नाम बनाते हैं। फिर भी वेरोनिका नाम को उस महिला के लिए जिम्मेदार ठहराया गया है जिसने मसीह के चेहरे को मिटा दिया था और इसके अलावा प्रारंभिक ईसाई इतिहास में यीशु के वस्त्र (जिसे 'बर्निस' या 'बेरेनिस' भी कहा जाता है, जिसका अर्थ है 'जीत हासिल करना') ', ग्रीक संस्करणों में), जैसे कि वे एक ही व्यक्ति हैं।

पीलातुस के अधिनियमों को नाम के उपयोग का पहला अवसर माना जाता है; टुकड़े के अध्याय VII में उल्लेख किया गया है, "और बर्निस नाम की एक निश्चित महिला (लैटिन में वेरोनिका) रो रही है

दूर से बाहर से कहा: 'मुझे खून का मुद्दा था और मैंने उनके वस्त्र के किनारे को छू लिया था और मेरे खून का बहना बंद हो गया था जो मैंने बारह साल तक किया था।' जबकि कुछ लोगों ने इस समय महसूस किया कि यह संभव है कि दो कहानियां हो सकती हैं उसी महिला के बारे में, सुसमाचार के आख्यानों में उसके नाम या उसके चेहरे को पोंछने का कोई उल्लेख नहीं है।

680 ईस्वी में, हालांकि, द एवेंजिंग ऑफ द सेवियर के लेखन में पहली बार संबंध स्पष्ट रूप से बना है, जिसे द क्योर ऑफ द एम्परर टिबेरियस भी कहा जाता है, जहां वेरोनिका का उल्लेख यीशु के वस्त्रों द्वारा ठीक की गई रक्तस्रावी महिला और दोनों के रूप में किया गया है। जिसने बाद में अपना चेहरा पोंछ लिया। यह संबंध, साथ ही कुष्ठ रोग के सम्राट टिबेरियस (और उनके साथ मौजूद कई अन्य जो विभिन्न विकारों और विकृतियों से पीड़ित थे) के घूंघट के उपचार के दावे, इस काम के भीतर कई मार्ग में स्थापित किए गए थे।

टेनेसी में प्रतिकृति की सबसे हालिया चर्चा केवल "फ्रॉस्टी" के रूप में जाने जाने वाले एक व्यक्ति के मोबाइल घर से वस्तु की चोरी के बाद हुई। कहा जाता है कि केली घोर्मली नाम के चोर ने 73 वर्षीय फ्रॉस्टी के घर से चोरी की थी, बाद में इसे पास के सेंट जोसेफ द वर्कर चर्च में ले जाकर उन्हें बेचने का प्रयास किया। चर्च ने कपड़े की प्रामाणिकता का आकलन करने के बाद अधिकारियों को सूचित किया, बाद में खुद फ्रॉस्टी का साक्षात्कार लिया, जिन्होंने दावा किया कि आइटम सत्रह साल से उनके घर की अलमारी में था और उन्हें पता नहीं था कि यह मूल रूप से वहां कैसे आया था। पेंटिंग, जिसे चर्च द्वारा मूल घूंघट के आधार पर बनाई गई दुर्लभ कुछ में से एक माना जाता है, को पोप लियो XIII द्वारा आशीर्वाद दिया गया था।

मैनोपेल्लो घूंघट की दिलचस्प विशेषताएं

मैनोप्पेलो में पोप द्वारा जांचे गए टुकड़े के लिए कई उल्लेखनीय लक्षण जिम्मेदार हैं, एक टुकड़ा माना जाता है कि 1608 में वेटिकन बेसिलिका से चुराया गया अवशेष माना जाता है। घूंघट पर छवि कपड़े के दोनों किनारों पर समान रूप से दिखाई देती है, जो कि है उस समय के किसी भी प्राचीन साधन का उपयोग करके बनाई गई एक विशेषता के रूप में कहा गया है। जर्मनी के डाई वेल्ट के लिए पॉल बैडे नाम के एक वेटेनिकनिस्ट के अनुसार, कपड़े की

छवि को चित्रित नहीं किया गया था, क्योंकि कपड़े ही 'बाईसस' नामक एक बहुत ही दुर्लभ फाइबर का है, जिस पर कोई संभवतः पेंट नहीं कर सकता है। बड्डे जोर देकर कहते हैं कि टुकड़ा प्रामाणिक है और वास्तव में, मूल वेरोनिका का घूंघट है, और इस प्रकार - मसीह का वास्तविक चेहरा।

बारी के विश्वविद्यालय के प्रोफेसर डोनाटो विट्टोर ने पराबैंगनी प्रकाश का उपयोग करके टुकड़े की जांच की और पाया कि छवि में लाल भूरे रंग के पदार्थ के गुच्छे हैं जो निश्चित रूप से पेंट नहीं हैं, और वास्तव में एक अज्ञात पदार्थ का उपयोग करके बनाया गया था - जो कि कुछ अटकलें रक्त की बूंदें हो सकती हैं मसीह के कांटों का ताज पहनने के कारण। अन्य लोगों ने इस टुकड़े की तुलना ट्यूरिन के प्रसिद्ध कफन से की है, जिसे लाखों लोग मसीह के शरीर को लपेटने के लिए इस्तेमाल किया जाने वाला प्रामाणिक दफन कपड़ा मानते हैं, और चेहरे के आकार, बालों की लंबाई और दाढ़ी और माथे की अन्य पहचान करने वाली विशेषताओं में समानताएं पाई हैं।

मानोप्पेलो में टुकड़े का सबसे आकर्षक पहलू यह तथ्य है कि दर्शक द्वारा एक निश्चित कोण पर आयोजित होने पर छवि अदृश्य हो जाती है। यह विशेषता पूरे इतिहास में भी दुर्लभ है, और प्राचीन काल में इसे चमत्कारी माना जाता था। जर्मन जेसुइट फादर। क्रिश्चियन आर्ट हिस्ट्री के एक प्रोफेसर हेनरिक फ़िफ़र कहते हैं, "इतिहास में ऐसी कुछ वस्तुएँ हैं। यह कोई पेंटिंग नहीं है। हम नहीं जानते कि वह कौन सी सामग्री है जो छवि को आकार देती है, लेकिन यह रक्त का रंग है।"

हालाँकि पोप सोलहवें ने 2006 में इस टुकड़े को व्यक्तिगत रूप से देखने के लिए मैनोपेल्लो की यात्रा की थी, लेकिन उन्होंने इसकी प्रामाणिकता पर अपनी राय के रूप में कोई दावा नहीं किया। इसके बजाय, उसने उस प्रतीकात्मक और चल रही खोज का संदर्भ दिया जो सभी ईसाइयों को अपने उद्धारकर्ता, यीशु मसीह के संबंध में करनी चाहिए। पोप ने उस समय कहा था, "मसीह के चेहरे की खोज करना सभी ईसाइयों की इच्छा होनी चाहिए।"

हालांकि विद्वानों के विकास और चर्च लेखन के बीच कई संदेहवादी बने हुए हैं, लेकिन वेरोनिका के रहस्यमय घूंघट के बारे में रोमांचक खोजें जारी हैं।

वेरोनिका का घूंघट: चमत्कारी अवशेष फिर से खोजा गया?

वेरोनिका का असली घूंघट किसके पास है - क्या कोई असली है? और क्या इसमें अलौकिक शक्तियां हैं?

ट्यूरिन के कफन को लेकर विवाद शायद कभी खत्म नहीं होगा। वैज्ञानिक परीक्षण ने निर्धारित किया है कि यह 11वीं या 12वीं शताब्दी से उत्पन्न हुआ है - हालांकि जिस प्रक्रिया द्वारा इसे बनाया गया था वह अभी भी निश्चित रूप से ज्ञात नहीं है - लेकिन जो मानते हैं कि यह नासरत के यीशु का वास्तविक दफन कपड़ा है, और यह चमत्कारिक रूप से धारण करता है उसकी समानता, को अस्वीकार नहीं किया जा सकता है।

वेरोनिका का घूंघट क्या है?

कफन एकमात्र ऐसा अवशेष नहीं है जिसके बारे में माना जाता है कि यह मसीह की छवि को प्रकट करता है। हालांकि, कुछ हद तक कम ज्ञात, लेकिन समान रूप से अच्छी तरह से संरक्षित और सम्मानित (और विवादित) अवशेष, वेरोनिका का घूंघट है। किंवदंती के अनुसार, वेरोनिका नाम की एक धर्मपरायण मैट्रन ने यीशु पर दया की क्योंकि वह कलवारी में अपने सूली पर चढ़ने के रास्ते में यरूशलेम की सड़कों से अपना क्रॉस ले जा रहा था और भीड़ से आगे निकल गया और अपने घूंघट से उसके चेहरे से खून और पसीना पोंछ दिया। . उसकी दया के लिए धन्यवाद से, यीशु ने एक चमत्कार किया और घूंघट पर अपने चेहरे की एक पेंटिंग जैसी छाप छोड़ी। किंवदंती का तर्क है कि घूंघट में चिकित्सा शक्तियाँ हैं।

कहानी मुख्य रूप से रोमन कैथोलिक चर्च द्वारा विश्वास में आयोजित की जाती है, जो "क्रॉस के स्टेशनों" नामक लेंटेन अनुष्ठान में घटना को याद करती है और यहां तक कि इसके संतों के बीच वेरोनिका को सूचीबद्ध करती है, हालांकि ऐसा लगता है कि घटना वास्तव में कम या कोई सबूत नहीं है हुआ था या कि वेरोनिका कभी अस्तित्व में थी। नए नियम के किसी भी सुसमाचार में इस घटना का कोई उल्लेख नहीं है।

1999 में, हालांकि, एक शोधकर्ता ने घोषणा की कि उसने वेरोनिका के घूंघट को इटली के एपेनाइन पहाड़ों में एक मठ में छिपा हुआ पाया है। यह कई कैथोलिकों के लिए एक आश्चर्य के रूप में आ सकता है जिन्होंने सोचा था कि घूंघट वेटिकन के हाथों में है, जहां साल में एक बार इसे कड़ी सुरक्षा से बाहर लाया जाता है और जनता के सामने प्रकट किया जाता है।

तो असली घूंघट कौन सा है, यदि कोई है?

घूंघट का इतिहास

कैथोलिक ऑनलाइन के अनुसार, वेरोनिका ने पर्दा रखा और इसके उपचारात्मक गुणों की खोज की। ऐसा कहा जाता है कि उसने घूंघट के साथ सम्राट टिबेरियस (जो यह नहीं कहता है) को ठीक किया, फिर इसे पोप क्लेमेंट (चौथे पोप) और उनके उत्तराधिकारियों की देखभाल में छोड़ दिया। माना जाता है, तब से यह उनके हाथों में है, सेंट पीटर की बेसिलिका में ताला और चाबी के नीचे रखा गया है। यह बेसिलिका के कई कीमती अवशेषों में सूचीबद्ध है।

वेटिकन के ग्रेगोरियन विश्वविद्यालय में ईसाई कला इतिहास के प्रोफेसर हेनरिक फ़िफ़र कहते हैं कि सेंट पीटर में घूंघट केवल एक प्रति है। मूल, वे कहते हैं, रहस्यमय तरीके से 1608 में रोम से गायब हो गया था और वेटिकन वार्षिक प्रदर्शन में इसे देखने के लिए आने वाले निराशाजनक तीर्थयात्रियों से बचने के लिए मूल के रूप में प्रतियां पास कर रहा है। यह फ़िफ़र है जो दावा करता है कि इटली के मानोप्पेलो के छोटे से गाँव में एक कैपुचिन मठ में प्रामाणिक घूंघट को फिर से खोजा गया है।

फ़िफ़र के अनुसार, वेरोनिका के घूंघट की किंवदंती को केवल 4थी शताब्दी के बारे में पता लगाया जा सकता है, और यह मध्य युग तक नहीं था कि यह सूली पर चढ़ने की कहानी से

जुड़ा हुआ था। मूल घूंघट, इसका वास्तविक स्रोत अज्ञात है, 12 वीं शताब्दी से 1608 तक वेटिकन में रहा, जहाँ तीर्थयात्रियों द्वारा इसे मसीह की वास्तविक छवि के रूप में पूजा जाता था। जब पोप पॉल वी ने चैपल के विध्वंस का आदेश दिया जिसमें घूंघट को संरक्षित किया गया था, अवशेष को वेटिकन के अभिलेखागार में ले जाया गया था, जहां इसे एक चित्र के साथ पूरा किया गया था।

फ़िफ़र कहते हैं, घूंघट गायब हो गया। 13 साल की खोज के बाद, हालांकि, वह इसे मानोप्पेलो तक ढूंढने में सक्षम था। मठ में रखे गए अभिलेखों से पता चलता है कि घूंघट एक सैनिक की पत्नी द्वारा चुराया गया था, जिसने अपने पति को जेल से बाहर निकालने के लिए मैनोपेल्लो के एक रईस को बेच दिया था। रईस ने, बदले में, इसे कैपुचिन भिक्षुओं को दिया, जिन्होंने इसे शीशे की दो शीटों के बीच एक अखरोट के फ्रेम में रखा। और तब से यह उनके मठ में है।

असाधारण गुण?

"सच" घूंघट की जांच करने के बाद, फ़िफ़र का तर्क है कि इसमें कुछ असामान्य, संभवतः अलौकिक, गुण भी हैं। फ़िफ़र का कहना है कि 6.7 इंच 9.4 इंच मापने वाला कपड़ा लाल-भूरे रंग के निशान के साथ लगभग पारदर्शी है जो दाढ़ी वाले, लंबे बालों वाले आदमी के चेहरे का पता लगाता है। प्रकाश कैसे पड़ता है इसके आधार पर चेहरा अदृश्य हो जाता है। फ़िफ़र ने कहा, "तथ्य यह है कि चेहरा प्रकट होता है और गायब हो जाता है, जहां से प्रकाश आता है," मध्यकाल में अपने आप में एक चमत्कार माना जाता था। यह एक पेंटिंग नहीं है। हम नहीं जानते कि वह सामग्री क्या है जो आकार देती है छवि, लेकिन यह खून का रंग है।"

फ़िफ़र का यह भी कहना है कि घूंघट की डिजिटल तस्वीरें दिखाती हैं कि इसकी छवि दोनों तरफ समान है - एक उपलब्धि, वह कहते हैं, जो प्राचीन तिथि में इसे बनाया गया था, इसे हासिल करना असंभव था। (या यह केवल इसलिए है क्योंकि कपड़ा इतना पतला है कि दोनों तरफ एक ही छवि देखी जा सकती है?)

वेरोनिका के घूंघट को प्रमाणित करना

घूंघट की प्रामाणिकता निर्णायक होने से बहुत दूर है। घूंघट अभी तक वैज्ञानिक परीक्षण या डेटिंग के अधीन नहीं किया गया है जिस तरह से ट्यूरिन के कफन के पास है। कार्बन-14 डेटिंग तकनीक से इसके सही होने का अंदाजा लगाया जा सकता है,

पहले से ही, फ़िफ़र के कुछ सहयोगी उनके निष्कर्षों से सहमत नहीं हैं। कैम्ब्रिज में दिव्यता के संकाय के डॉ। लियोनेल विकम ने द संडे टाइम्स ऑफ लंदन के लिए जॉन फोलेन को लिखा, "फ़िफ़र को मध्य युग में पूजा की जाने वाली वस्तु मिल सकती है," लेकिन क्या यह शुरुआती घटनाओं की तारीख है, यह एक और मामला है "

कुछ विश्वासी जो स्वीकार करते हैं कि कफन और घूंघट दोनों प्रामाणिक चमत्कारी प्रतीक हैं, इस तथ्य की ओर इशारा करते हैं कि कपड़े के दोनों टुकड़ों पर छवियां आश्चर्यजनक रूप से समान हैं - वे एक ही आदमी को चित्रित करते हैं। हालांकि,

इतिहासकारों को संदेह है कि घूंघट पर छवि वास्तव में कफन पर चेहरे की एक जानबूझकर प्रति के रूप में बनाई गई थी। और इसीलिए घूंघट को वह नाम दिया गया जिसने किंवदंती को जन्म दिया: वेरोनिका (वेरा-आइकन) का अर्थ है "सच्ची छवि।"

5

सेंट हेलेना और यीशु के क्रॉस की खोज

सेंट हेलेना,

यह किसी अन्य के विपरीत एक किंवदंती है। यह सब फ्लाविया जूलिया हेलेना नाम की एक युवा नौकर लड़की के साथ शुरू हुआ। रोमन साम्राज्य के एक प्रांत बिथिनिया में 248 सीई में जन्मी हेलेना उस दिन तक किसी और से अलग नहीं थी, जब तक कि उसने अपनी सुंदरता के साथ रोमन सम्राट, कॉन्स्टेंटियस आई क्लोरस की नज़र नहीं खींची।

यह किसी अन्य के विपरीत एक किंवदंती है। यह सब फ्लाविया जूलिया हेलेना नाम की एक युवा नौकर लड़की के साथ शुरू हुआ। रोमन साम्राज्य के एक प्रांत बिथिनिया में 248 सीई में जन्मी हेलेना उस दिन तक किसी और से अलग नहीं थी, जब तक कि उसने अपनी सुंदरता के साथ रोमन सम्राट, कॉन्स्टेंटियस आई क्लोरस की नज़र नहीं खींची।

हेलेना का रूपांतरण

उन्होंने शादी की, 272 में उनका एक बेटा था, अगर आपने कभी रोमन इतिहास के बारे में कुछ भी सीखा है, तो आप शायद जान पाएंगे। उनका बेटा इकलौता कॉन्स्टेंटाइन था। कॉन्स्टैंटिन सबसे महान रोमन सम्राटों में से एक बन गया। जिन चीज़ों के लिए वह जाना जाता है उनमें से एक है मिलान का आदेश, जो वर्ष 313 में जारी किया गया था। मिलान के आदेश ने ईसाई धर्म को एक स्वतंत्र रूप से प्रचलित धर्म होने की अनुमति दी। यह इस समय था कि हेलेना के सबसे अधिक ईसाई धर्म में परिवर्तित होने की संभावना थी।

वर्ष 324 में, कॉन्सटेंटाइन ने हेलेना को "पवित्र क़ब्र" और "द ट्रू क्रॉस" की खोज में पवित्र भूमि की तीर्थ यात्रा पर भेजा। "होली सेपुलचर" ईसा मसीह के क्रूस पर चढ़ने का स्थान है, जबकि "द ट्रू क्रॉस" वह क्रॉस है जिस पर ईसा मसीह को क्रूस पर चढ़ाया गया था। सूली पर चढ़ाने की वेदी जहां कलवारी की चट्टान देखी जा सकती है

हेलेना पवित्र भूमि पर जाती है

वर्ष 324 में, कॉन्स्टेंटाइन ने हेलेना को "पवित्र कब्र" और "द ट्रू क्रॉस" की खोज में पवित्र भूमि की तीर्थ यात्रा पर भेजा। "होली सेपुलचर" ईसा मसीह के क्रूस पर चढ़ने का स्थान है, जबकि "द ट्रू क्रॉस" वह क्रॉस है जिस पर ईसा मसीह को क्रूस पर चढ़ाया गया था। इस तीर्थयात्रा पर, यह कहा गया था कि हेलेना ने "यीशु के नक्शेकदम पर चलते हुए", दया और अच्छे कार्यों के कई कार्य किए, जैसे कि गरीबों को पैसा, भोजन और कपड़े देना, और चर्चों को धन के साथ-साथ मदद करना अन्य जरूरतें। हफ्तों की यात्रा के बाद, उसने आखिरकार इसे यरूशलेम बना लिया। यहूदा साइरिअनकस की मदद से, एक व्यक्ति को बेतरतीब ढंग से चुना गया और उसकी इच्छा के विरुद्ध मदद करने के लिए मजबूर किया गया, हेलेना को "द ट्रू क्रॉस" खोजने के लिए पहले से कहीं ज्यादा करीब आने में सक्षम थी। यहीं से कहानी अलग हो जाती है। हालांकि कुछ लोगों का मानना है कि पास के एक शहर के एक सामान्य व्यक्ति ने हेलेना को "द ट्रू क्रॉस" तक पहुँचाया, दूसरों का मानना है कि यह जुडास साइरियनकस था।

क्रॉस ढूँढना

वे कई दिनों तक अपनी खोज में लगे रहे, जब अंततः उनकी प्रार्थनाओं का उत्तर मिला। हेलेना ने कहा कि यह तब था, "सुगंधित धूल और बिजली की चमक के साथ" उसने उस जगह की ओर इशारा किया जहां उसने जूडस को खुदाई शुरू करने का निर्देश दिया था। अंत में, उन्होंने तीन क्रॉसों को उजागर किया, एक को यीशु मसीह का माना गया, और अन्य उन दो चोरों से संबंधित थे जो उसके साथ मारे गए थे। यह जांचने और देखने के लिए कि इनमें से कौन सा क्रॉस वास्तव में यीशु मसीह का है, उन्होंने यरूशलेम के बाहरी इलाके में एक कोढ़ी की तलाश की। एक बार मिल जाने के बाद, वे वापस गोलगोथा स्थान पर लौट आए, जहाँ यीशु को सूली पर चढ़ाया गया था। कोढ़ी को निर्देश दिया गया था कि वह एक-एक कर प्रत्येक क्रास को स्पर्श करे। उसने पहले वाले को छुआ और कुछ नहीं हुआ। उसने दूसरे को छुआ और फिर भी कुछ नहीं हुआ। अंत में, जब उसने तीसरे और अंतिम क्रूस को छुआ, तो कोढ़ी तुरन्त चंगा हो गया। यह वह क्रूस था जिसने कोढ़ी को चंगा किया, और इसी कारण से इसे "द ट्रू क्रॉस" के रूप में जाना जाता है।

क्रॉस को कॉन्स्टेंटिनोपल में वापस ले जाया गया, जबकि क्रॉस का हिस्सा यरूशलेम के बिशप के हाथों में रखा गया था। जैसे-जैसे साल बीतते गए, "द ट्रू क्रॉस" के टुकड़े दुनिया भर के कई कैथोलिक चर्चों की प्रशंसा के लिए रख दिए गए।

विएना के शात्ज़कैमर के अंदर ट्रू क्रॉस का एक टुकड़ा

खजाना फैलाना

क्रॉस को कॉन्स्टेंटिनोपल में वापस ले जाया गया, जबकि क्रॉस का हिस्सा यरूशलेम के बिशप के हाथों में रखा गया था। जैसे-जैसे साल बीतते गए, "द ट्रू क्रॉस" के टुकड़े दुनिया भर के कई कैथोलिक चर्चों की प्रशंसा के लिए रख दिए गए। यद्यपि हम कभी नहीं जान सकते

हैं कि उन्होंने जो क्रॉस पाया और वितरित किया वह "द ट्रू क्रॉस" था, सभी किंवदंतियों की तरह, अंत में यह हमारे ऊपर है कि खाते पर विश्वास करना है या नहीं।

पवित्र सेपुलचर का दौरा करते समय, तीर्थयात्री सेंट हेलेना के भूमिगत अर्मेनियाई चैपल तक 29 खड़ी सीढ़ियों से उतर सकते हैं। यह सम्राट कॉन्स्टैंटिन की चौथी शताब्दी की बेसिलिका का क्रिप्ट था और इसलिए पूरी इमारत का सबसे पुराना पूरा हिस्सा है।

द चैपल ऑफ द फाइंडिंग ऑफ द क्रॉस चर्च ऑफ द होली सेपुलचर के नीचे

यरूशलेम में सच्चा क्रूस

पवित्र सेपुलचर का दौरा करते समय, तीर्थयात्री सेंट हेलेना के भूमिगत अर्मेनियाई चैपल तक 29 खड़ी सीढ़ियों से उतर सकते हैं। यह सम्राट कॉन्स्टैंटिन की चौथी शताब्दी की बेसिलिका का क्रिप्ट था और इसलिए पूरी इमारत का सबसे पुराना पूरा हिस्सा है। उस चैपल के पास, एक और खड़ी सीढ़ी !क्रॉस की खोज के फ्रांसिस्कन चैपल की ओर जाता है। यह उबड़-खाबड़ दीवार वाला क्षेत्र प्राचीन खदान के हिस्से के भीतर बनाया गया है, जाहिर तौर पर बाद में इसे पानी के भंडारण के लिए एक हौज में बदल दिया गया। परंपरा के अनुसार, सेंट हेलेना ने इस स्थान पर ट्रू क्रॉस और जुनून और क्रूस पर चढ़ाने के अन्य उपकरणों की खोज की। वेदी के पीछे एक मूर्ति उसे क्रॉस पकड़े हुए दिखाती है।

6

जोन ऑफ आर्क का जली हुई राख

जीन डी'आर्क (सी। 1412-मई 30, 1431), अंग्रेजी में जोन ऑफ आर्क के रूप में जानी जाती है, एक फ्रांसीसी किसान लड़की थी जिसके स्वर्गदूतों के दर्शन ने उसे एक सैन्य नेता बनने के लिए प्रेरित किया। जोन ऑफ आर्क के हस्तक्षेप ने सौ साल के युद्ध के परिणाम को बदल दिया और यह सुनिश्चित करने में मदद की कि फ्रांस के चार्ल्स VII राजा बनेंगे। अंत में, जोआन को अंग्रेजी सेना द्वारा मार डाला गया, जिसे उसने हराया था।

अपने युवा जीवन के दौरान, 13 साल की उम्र से, जोन का मानना था कि उसे विभिन्न स्वर्गदूतों द्वारा दौरा किया गया था और फ्रांस के लिए कार्रवाई करने के लिए स्पष्ट दिशा दी गई थी; विभिन्न सिद्धांतों का सुझाव दिया गया है जो उसके दर्शन की उत्पत्ति की व्याख्या कर सकते हैं। मई 1920 में, जोन ऑफ आर्क को रोमन कैथोलिक चर्च में एक संत के रूप में संत घोषित किया गया था।

प्रारंभिक जीवन

जोन का जन्म डोमरेमी गांव में हुआ था, जो उस समय पवित्र रोमन साम्राज्य के भीतर डची ऑफ बार का हिस्सा था। उसके माता-पिता, इसाबेल रोमे और जैक्स डी आर्क, एक छोटे से खेत वाले किसान थे; उसके पिता ने भी एक गाँव के अधिकारी के रूप में काम किया। जोन के दो बड़े भाई और साथ ही एक छोटा भाई और बहन थी। मध्य युग के दौरान एक किसान लड़की के रूप में, जोआन को पढ़ना या लिखना नहीं सिखाया गया था, लेकिन उसे कैथोलिक चर्च में लाया गया था।

जोन ऑफ आर्क का जन्म सौ साल के युद्ध के मध्य में हुआ था, यह लड़ाई इस बात पर थी कि फ्रांसीसी सिंहासन को किसको विरासत में मिलना चाहिए। उनके जन्म के समय, अंग्रेज़ों का आधिपत्य था; ब्लैक प्लेग और अन्य चुनौतियों के परिणामस्वरूप फ्रांस का

पतन हो गया था। जबकि डोमरेमी, जहां जोआन रहता था, युद्ध का एक प्रमुख केंद्र नहीं था, यह फ्रांस के एक हिस्से में स्थित था जो फ्रांसीसी ताज के प्रति वफादार रहा था। जोआन लड़ाई से अच्छी तरह वाकिफ था। वास्तव में, डोमरेमी वास्तव में एक से अधिक बार अंग्रेजी वफादारों द्वारा जलाए गए थे।

महादूत माइकल जोन ऑफ आर्क को दिखाई देता है

13 साल की उम्र में, जोआन ने दावा करना शुरू किया कि उसने स्वर्गदूतों की आवाज़ सुनी और सेंट माइकल, अलेक्जेंड्रिया के सेंट कैथरीन और एंटिओक के सेंट मार्गरेट के दर्शन किए। जबकि कुछ आधुनिक शोधकर्ताओं का सुझाव है कि ये दृष्टि मिर्गी या किसी अन्य चिकित्सा समस्या का परिणाम हो सकती है, फिर भी कई लोग मानते हैं कि ये दर्शन वास्तविक थे।

जोआन ने अपने दर्शनों का बहुत स्पष्ट रूप से वर्णन किया; अपने परीक्षण से एक प्रतिलेख में, वह कहती है: "मैं तेरह साल की थी जब मुझे मेरी मदद और मार्गदर्शन के लिए भगवान की आवाज़ मिली। पहली बार जब मैंने यह आवाज सुनी, तो मैं बहुत डर गया था; यह दोपहर का समय था, गर्मियों में, मेरे पिता के बगीचे में।"

समय के साथ, जोआन के दर्शन तेजी से विशिष्ट होते गए। अभिलेखों के अनुसार, उसे सेंट माइकल और सेंट कैथरीन द्वारा बताया गया था कि वह फ्रांस की उद्धारकर्ता थी। उसकी नियति, उन्होंने उसे बताया, फ्रांसीसी ताज के लिए चार्ल्स, दाउफिन (वारिस) के साथ दर्शकों की तलाश करना था। जोआन, दर्शन ने उसे बताया, वह अंग्रेजों को हराने वाला होगा, उन्हें फ्रांस से भगाएगा, और चार्ल्स को सही राजा के रूप में स्थापित करेगा।

1428 में, जब जोआन लगभग 16 वर्ष की थी, उसके दर्शन ने उसे सीधे निर्देश दिए। उसे वैक्यूलर्स में गैरीसन कमांडर रॉबर्ट डी बॉडरिककोर्ट से संपर्क करना था, जो उसे उसके दैवीय रूप से नियुक्त लक्ष्य को प्राप्त करने में मदद करेगा। जबकि बॉड्रीकोर्ट ने किशोरी को उसके पहले प्रयासों में ठुकरा दिया, बाद में वह मान गया; उनका निर्णय जोआन की स्पष्ट रूप से स्पष्ट रूप से स्पष्ट रूप से ऑर्लियन्स में एक फ्रांसीसी हार का वर्णन करने की क्षमता से संबंधित हो सकता है। बॉड्रीकोर्ट ने जोन को एक घोड़ा और एस्कॉर्ट प्रदान किया; यात्रा शुरू करने के लिए उसने अपने बाल कटवाए और पुरुषों के कपड़े पहने।

जोन ऑफ आर्क और दाउफिन

बौद्रीकोर्ट की तरह, दाउफिन को जोन के दर्शन पर संदेह था। उसके दावों का परीक्षण करने के लिए, उसने दाउफिन के रूप में एक दरबारी पोशाक पहनी थी; जोन तुरंत धोखे का पता लगाने में सक्षम था और बिना किसी हिचकिचाहट के सीधे दाउफिन के पास गया। यह सुनिश्चित करने के लिए कि वह एक चुड़ैल नहीं थी या अंधेरे बलों के प्रभाव में थी, Dauphin के पास पादरी जांच का एक समूह था जोआन; उन्होंने उसे शुद्ध और रूढ़िवादी पाया।

चार्ल्स, अपने कई देशवासियों की तरह, एक भविष्यवाणी के बारे में जानते थे जिसमें कहा गया था कि फ्रांस को बचाने के लिए लोरेन से कवच में एक नौकरानी आएगी। जोआन

ने उस भविष्यवाणी को पूरा किया, और इसलिए, दाउफिन के आशीर्वाद के साथ, जोआन ने कवच दान किया और शहर को अंग्रेजी घेराबंदी से मुक्त करने के लिए फ्रांसीसी सैनिकों को ऑरलियन्स तक ले गया।

ऑरलियन्स की घेराबंदी

आश्चर्य की बात नहीं, जोन को शुरू में युद्ध की परिषदों से बाहर रखा गया था, लेकिन उनकी उपस्थिति का फ्रांसीसी सेना के मनोबल पर महत्वपूर्ण प्रभाव पड़ा, जिसने बी.

अंग्रेजों के साथ संघर्ष को एक धार्मिक युद्ध के रूप में देखने लगे। युद्ध में जोन के शारीरिक योगदान पर ऐतिहासिक रिकॉर्ड स्पष्ट नहीं हैं, लेकिन वह निश्चित रूप से सैनिकों के साथ सवार हुई और एक झंडा ले गई।

जोन के आने से पहले, घेराबंदी फ्रेंच के लिए खराब हो गई थी। अब, हालांकि, आर्मांग्नैक (जोन की सेना) सेंट-लूप के किले और फिर सेंट-जीन-ले-ब्लैंक के किले पर कब्जा करने में सक्षम थे। इसके तुरंत बाद, फ्रांसीसी सेना ने अपने लाभ को मजबूत किया और लेस टूरेल्स में अंग्रेजी पर हमला किया। जोन, उस समय की नायिका के रूप में स्वीकार की गई, घायल हो गई थी, लेकिन फिर भी अंग्रेजों के खिलाफ अंतिम सफल हमले का नेतृत्व किया।

ऑरलियन्स में प्रभावशाली जीत को एक संकेत के रूप में देखा गया था कि जोन ऑफ आर्क वास्तव में फ्रांसीसी का समर्थन करने के लिए भगवान द्वारा भेजा गया था। इसके विपरीत, अंग्रेज मानते थे कि उसे शैतान ने भेजा है।

दाउपिन

ताज पहनाया जाता है

ऑरलियन्स की मुक्ति के बाद, जोआन सैन्य योजनाओं के साथ आगे बढ़ना चाहता था, जिससे दाउफिन की ताजपोशी हो सके। उसकी जीत की खबर फैल गई थी, और उसकी सेना में रोजाना नए रंगरूट शामिल हो रहे थे। कई सैन्य व्यस्तताओं के कारण रिम्स में जीत हुई, जहां 1429 में चार्ल्स VII को फ्रांस के राजा का ताज पहनाया गया। राज्याभिषेक के समय जोन ऑफ आर्क उनके साथ खड़ा था।

कब्जा और परीक्षण

1430 में, जोआन को युद्ध में पकड़ लिया गया और अंग्रेजों को बेच दिया गया। एक ईसाईवादी जेल में अवैध रूप से आयोजित, उसे पुरुष गार्ड द्वारा धमकी दी गई थी और इसलिए उसने अपने पुरुष कपड़ों को छोड़ने से इनकार कर दिया। अंग्रेज यह साबित करने के लिए दृढ़ थे कि जोआन के दर्शन झूठे थे, क्योंकि उन्होंने सुझाव दिया था कि भगवान फ्रेंच की तरफ थे।

अंग्रेजी अदालत ने जोन को विधर्म में फंसाने की पूरी कोशिश की लेकिन असफल रही। जब पूछा गया कि क्या वह अनुग्रह की स्थिति में थी, उदाहरण के लिए, जोन ने जवाब दिया:

"यदि मैं नहीं हूं, तो भगवान मुझे वहां रखे और अगर मैं हूं, तो भगवान मुझे वहां रखे।"

एक समय पर, जोआन ने जलने से मौत से बचने के लिए अपने दर्शनों को याद किया। हालाँकि, उसके दर्शन लौट आए, और उसने अपनी भर्ती वापस ले ली। नतीजा: उसे एक विधर्मी के रूप में मौत की सजा सुनाई गई थी।

मौत

जोन ऑफ आर्क को 30 मई, 1431 को दांव पर जला दिया गया था; कहा जाता है कि उसने मरते दम तक यीशु को पुकारा था। उसके वध के बाद, उसके शरीर को बार-बार जलाया गया; उसकी राख को सीन में निपटाया गया।

परंपरा

जोआन की मृत्यु के बाद - और मोटे तौर पर उसके कार्यों और प्रेरणा के परिणामस्वरूप - फ्रांस ने सौ साल का युद्ध जीता। 1456 में आयोजित एक "अकृतीकरण परीक्षण", ने जोआन के खिलाफ विधर्मी आरोप को उलट दिया, और उसे निर्दोष घोषित कर दिया गया। जोन ऑफ आर्क को रोमन कैथोलिक चर्च द्वारा धन्य घोषित किया गया और 1920 में संत की उपाधि दी गई।

जोआन अनगिनत किताबों, नाटकों, गीतों और फिल्मों का विषय रहा है। वह कई फ्रांसीसी नौसैनिक जहाजों का नाम भी है।

अंत में हल: जोन ऑफ आर्क का ज्वलंत रहस्य

15वीं शताब्दी के फ्रांस में महिलाएं युद्ध में नहीं लड़ती थीं, लेकिन जोआन वास्तव में सही राजा को बहाल करने के लिए एक सेना की कमान संभालने के लिए आएगी।

सौ साल का युद्ध, फ्रांस के नियंत्रण के लिए एक प्रतियोगिता, पहले से ही पीढ़ियों से पीस रही थी। बरगंडी से अंग्रेजों और उनके सहयोगियों ने पेरिस सहित उत्तर में कब्जा कर लिया। सिंहासन के लिए फ्रांस के दावेदार चार्ल्स ने पेरिस से 160 मील दक्षिण-पश्चिम में एक गाँव चिनॉन में निर्वासन में अदालत का आयोजन किया।

किशोरी, जोआन ने लोरेन प्रांत में एक स्थानीय नाइट, रॉबर्ट डी बाउड्रिककोर्ट को अपने उत्तराधिकारी से मिलने के लिए उसके साथ जाने के लिए याचिका दायर करके अपना अभियान शुरू किया। प्रारंभिक इनकार के बाद, उसने उनका समर्थन हासिल किया और 1429 में 17 साल की उम्र में चार्ल्स को अपने इरादे घोषित करने के लिए चिनॉन पहुंची।

उन्होंने सलाहकारों के साथ परामर्श किया, जो अंततः सहमत हुए कि जोन फ्रांस को मुक्त करने के लिए भविष्यवाणी की गई बहुत ही महिला हो सकती है।

अंग्रेज और बर्गंडियन ओरलियन्स शहर को घेर रहे थे। 27 अप्रैल, 1429 को फ्रांसीसी सेना के साथ कवच और सैनिक की पोशाक वाले जोआन शहर को बचाने के लिए गए थे।

ऑरलियन्स की घेराबंदी

कमांडिंग अधिकारियों ने आक्रामक अपराध माना जोन ने बहुत जोखिम भरा कहा। लेकिन उसने उन्हें जीत लिया और दुश्मन पर एक साहसिक हमले का नेतृत्व किया, जिसमें कई चोटें आईं।

जोन के नेतृत्व में, फ्रांसीसी ने 8 मई तक ऑरलियन्स को मुक्त कर दिया और वह नायिका बन गई। जीत का एक उत्तराधिकार पीछा किया क्योंकि जोआन ने रिम्स की पैतृक राजधानी में चार्ल्स VII के रूप में Dauphin के राज्याभिषेक का रास्ता साफ कर दिया।

नया ताज पहनाया गया सम्राट बरगंडी को अपने पक्ष में करना चाहता था, लेकिन जोन लड़ाई को पेरिस ले जाने के लिए अधीर था। चार्ल्स ने अनिच्छा से उसे एक दिन की लड़ाई दी और जोन ने चुनौती स्वीकार की, लेकिन यहां एंग्लो-बरगंडियन ने डौफिन की सेना को बुरी तरह से हरा दिया।

जोन ने गिरने वाले एक सफल अभियान का नेतृत्व किया। लेकिन अगले मई में, जब उसने कॉम्पिग्ने शहर का बचाव किया, तो बरगंडियों ने उसे बंदी बना लिया।

द शाम ट्रायल जो जोन ऑफ आर्क की मौत से पहले हुआ था
बरगंडी ने जोन ऑफ आर्क को अपने सहयोगियों, अंग्रेजों को बेच दिया, जिन्होंने उसे एक बार और सभी के लिए मारने की उम्मीद में रूएन शहर में एक धार्मिक अदालत के सामने रखा।

चर्च के कानून के विपरीत, जो यह निर्धारित करता है कि उसे नन के संरक्षण में सनकी अधिकारियों द्वारा रखा जाना चाहिए था, किशोर जोआन को एक सिविल जेल में रखा गया था, जिन पुरुषों द्वारा उसे डरने का अच्छा कारण था।

परीक्षण फरवरी 1431 में शुरू हुआ, और एकमात्र सवाल यह था कि निष्पादन के लिए एक बहाना खोजने के लिए पक्षपातपूर्ण ट्रिब्यूनल को कितना समय लगेगा।

जोन ऑफ आर्क को विनचेस्टर के कार्डिनल द्वारा उसकी जेल में, पॉल डेलारोचे द्वारा पूछताछ की जाती है। फ्रेंच, 1824. मुसी डेस बीक्स-आर्ट्स डे रूएन।

इंग्लैंड जोन को जाने नहीं दे सकता था; यदि परमेश्वर के वचन द्वारा निर्देशित होने के उसके दावे वैध थे, तो चार्ल्स VII भी वैध था। आरोपों की सूची में पुरुषों के कपड़े पहनना, विधर्म और जादू टोना शामिल था।

किसी भी कार्यवाही से पहले, नन को उस महिला की जांच करने के लिए भेजा गया था जो खुद को ला पुकेले - द मेड - कहती थी - भौतिक साक्ष्य के लिए जो उसके कौमार्य के दावे का खंडन कर सकती थी। अदालत की हताशा के लिए, उसके परीक्षकों ने उसे बरकरार घोषित कर दिया।

मैजिस्ट्रेट के आश्चर्य के लिए, जोन ने एक शानदार बचाव किया। एक प्रसिद्ध आदान-प्रदान में, न्यायाधीशों ने जोआन से पूछा कि क्या वह मानती है कि उसके पास भगवान की कृपा है। यह एक चाल थी: अगर उसने कहा कि उसने नहीं किया, तो यह अपराध का प्रवेश था। हालाँकि, हाँ में जवाब देने का अर्थ था - ईशनिंदा से - परमेश्वर के मन को जानना।

इसके बजाय, जोआन ने उत्तर दिया, "यदि मैं नहीं हूँ, तो परमेश्वर मुझे वहाँ रखे; और यदि मैं हूं, तो परमेश्वर मुझे ऐसे ही बनाए रखे।"

उसके जिज्ञासु चकित थे कि एक अनपढ़ किसान ने उनसे चालाकी की।

उन्होंने उससे पुरुषों के कपड़े पहनने के आरोप के बारे में पूछा। उसने कहा कि उसने किया, और यह उचित था: "जब मैं जेल में थी, तब अंग्रेजों ने मेरे साथ छेड़छाड़ की थी जब मैंने एक महिला के रूप में कपड़े पहने थे .... मैंने अपनी मर्यादा की रक्षा के लिए ऐसा किया है।"

इस बात से चिंतित कि जोआन की सम्मोहक गवाही उसके पक्ष में जनता की राय ले सकती है, मजिस्ट्रेटों ने कार्यवाही को जोन की कोठरी में स्थानांतरित कर दिया।

जोन ऑफ आर्क की मृत्यु कैसे हुई और उसे दांव पर क्यों जलाया गया?

जोआन को उसकी किसी भी गवाही को वापस लेने के लिए प्रेरित करने में असमर्थ - जो सभी खातों द्वारा उसकी अत्यधिक धर्मपरायणता का प्रमाण था - 24 मई को, अधिकारी उसे उस चौराहे पर ले गए जहाँ उसका निष्पादन होगा।

सजा की तात्कालिकता का सामना करते हुए, जोआन ने भरोसा किया और अनपढ़ होने के बावजूद, सहायता के साथ एक स्वीकारोक्ति पर हस्ताक्षर किए।

जोन ऑफ आर्क की मृत्यु कैसे हुई

रूएन कैसल का रख, जिसे टूर जीन डी'आर्क कहा जाता है, जोआन की पूछताछ में से एक का स्थल था। वह पास की एक इमारत में कैद थी जिसे तब से गिरा दिया गया है।

जेल में उसकी सजा को आजीवन कारावास में बदल दिया गया था, लेकिन कैद में वापस आते ही जोन को फिर से यौन हमले के खतरे का सामना करना पड़ा।इनकार करते हुए, जोआन

पुरुषों के कपड़े पहनने के लिए लौट आए, और कथित पाषंड के इस पुनरावर्तन ने मौत की सजा का बहाना प्रदान किया। 30 मई, 1431 को, एक छोटा सा लकड़ी का क्रॉस पहने हुए और उसकी आँखों के साथ उसके डिफेंडर द्वारा रखे गए एक बड़े क्रूस पर टिकी हुई, द मेड ऑफ ऑरलियन्स ने एक साधारण प्रार्थना की। उसने यीशु मसीह के नाम का उच्चारण किया क्योंकि आग की लपटों ने उसके मांस को झुलसा दिया। भीड़ में से एक व्यक्ति आग पर अतिरिक्त जलता हुआ फेंकने के लिए आगे बढ़ा, लेकिन जहां वह खड़ा था वहीं रुक गया और गिर गया, केवल बाद में अपनी गलती समझने के लिए। अंत में जोन ऑफ आर्क को उसके फेफड़ों में धुएं से मौत के घाट उतार दिया गया, लेकिन कॉचोन केवल अपनी दुश्मनी

के लक्ष्य को मारने के लिए संतुष्ट नहीं होगा। उसने उसकी लाश को जलाने के लिए दूसरी आग लगाने का आदेश दिया। और फिर भी, यह कहा जाता है, उसके जले हुए अवशेषों के भीतर, उसका दिल बरकरार था, और इसलिए जिज्ञासु ने किसी भी निशान को मिटाने के लिए तीसरी आग लगाने का आह्वान किया। उस तीसरी आग के बाद, जोआन की राख को सीन में फेंक दिया गया, ताकि कोई भी विद्रोही अवशेष के रूप में किसी भी टुकड़े को पकड़ न सके। आज तक जोन ऑफ आर्क की मौत की विरासत यदि चार्ल्स VII ने 19 वर्षीय रहस्यवादी को बचाने के लिए कोई प्रयास किया था, जिसने उसके राज्याभिषेक को सक्षम किया था, जैसा कि वह बाद में दावा करेगा, वे सफल नहीं थे। हालांकि, उन्होंने 1450 में एक विस्तृत पुनर्परीक्षण के माध्यम से जोन ऑफ आर्क के मरणोपरांत दोषमुक्ति की व्यवस्था की। उसके पास उसके लिए धन्यवाद करने के लिए बहुत कुछ था। जोन ऑफ आर्क की हिमायत के माध्यम से चार्ल्स VII का राज्यारोहण, सौ साल के युद्ध में एक महत्वपूर्ण मोड़ था। समय के साथ, बरगंडी ने फ्रांस के साथ सहयोग करने के लिए अंग्रेजों को छोड़ दिया, और कैलिस के बंदरगाह को बचा लिया, अंग्रेजों ने महाद्वीप पर सभी संपत्ति खो दी। जोन के संक्षिप्त सार्वजनिक जीवन के दौरान भी, उनकी ख्याति पूरे यूरोप में फैल गई, और उनके समर्थकों के मन में उनकी शहादत पर पहले से ही एक पवित्र व्यक्ति थे। फ्रांसीसी लेखिका क्रिस्टीन डी पिज़ान ने 1429 में महिला योद्धा के बारे में एक कथात्मक कविता की रचना की, जिसने उसके कारावास से पहले जनता की प्रशंसा पर कब्जा कर लिया। अविश्वसनीय कहानियों में यह था कि जोन ऑफ आर्क किसी तरह फांसी से बच गया था, और उसकी मृत्यु के बाद के वर्षों में एक ढोंगी ने एक नाटकीय अभिनय में चमत्कार करने का दावा किया। कहा जाता है कि रूयन के गवाह उसके अवशेषों के साथ सफलतापूर्वक फरार हो गए थे। 19वीं शताब्दी में, जोन ऑफ आर्क की विरासत में रुचि एक बॉक्स की खोज पर सामने आई जिसमें कहा गया था कि इन अवशेषों को रखा गया है। हालाँकि, 2006 में परीक्षण, दावे के साथ असंगत तिथि के साथ आया था। फ्रांसीसी, अंग्रेजी, अमेरिकी, कैथोलिक, एंग्लिकन, और विविध और विपरीत विचारधाराओं के लोग सभी 1920 में सेंट जीन डी आर्क के रूप में विख्यात किसान लड़की का सम्मान करने आए थे। आज तक, जोन ऑफ आर्क की प्रेरक विरासत साहस, संकल्प और अथक दबाव के सामने अकल्पनीय शक्ति का एक वसीयतनामा है।

फ्रांस की पसंदीदा संत को उनके अंग्रेज़ दुश्मनों ने शहीद कर दिया था, जिन्होंने उनके अवशेषों को सीन में डालने का आदेश दिया था। अब वैज्ञानिकों का मानना है कि उन्होंने उसके निष्पादन के आसपास के तथ्यों को स्थापित कर लिया है

कैथोलिक संत, राष्ट्रीय आइकन और दुनिया के सबसे प्रसिद्ध सैन्य नेताओं में से एक, जोन ऑफ आर्क लगभग छह सदियों से फ्रेंच के लिए आकर्षण का विषय रहा है। अब शिक्षाविदों का मानना है कि वे यह साबित करने के करीब हैं कि विवादास्पद अवशेष वास्तव

में ऑरलियन्स की वास्तविक जीवन की नौकरानी हैं।

योद्धा के जीवन के बारे में बहुत कुछ अज्ञात है। तथ्यों को अक्सर मिथक और सिद्धांत के साथ मिलाया गया है। लेकिन जो आम तौर पर सहमत है वह यह है कि जोआन के शरीर को अंग्रेजों द्वारा तीन बार जलाया गया था और 1867 में चिता के पैर से राख की खोज की गई थी, जो एक चिकित्सक के पेरिस मचान में छिपी हुई थी।

उन राख का अध्ययन कर रहे फ्रांसीसी वैज्ञानिकों ने कल पुष्टि की कि अवशेषों के बीच पाया गया कपड़े का एक टुकड़ा जोन ऑफ आर्क के गाउन का टुकड़ा हो सकता है। राख के बीच पाई गई हड्डियों और ऊतकों के डीएनए परीक्षणों की एक नई श्रृंखला से इस बात की पुष्टि होने की उम्मीद है कि वे एक महिला की हैं।

इन शुरुआती खोजों से पता चलता है कि जोन ऑफ आर्क की मौत के आसपास के हालिया विवादास्पद दावे गलत हैं। यूक्रेनी मानवविज्ञानी सर्गेई गोर्बेंको द्वारा प्रस्तुत एक सिद्धांत ने सुझाव दिया कि जोआन को दांव पर भी नहीं जलाया गया था, लेकिन वह 57 वर्ष की आयु तक जीवित रही। एक अन्य सिद्धांत यह है कि वह एक पुरुष थी।

लेकिन परियोजना के नेता, फोरेंसिक मानवविज्ञानी फिलिप चार्लीयर की शुरुआती खोजों से संकेत मिलता है कि जोन ऑफ आर्क की मौत का मानक संस्करण - अंग्रेजी द्वारा एक चुड़ैल के रूप में जलाए जाने से - सही प्रतीत होता है, हालांकि शोध ने कहानी में दिलचस्प विवरण जोड़ा है उसके निष्पादन की। आगे के परीक्षणों की जरूरत थी, चार्लीयर ने कहा।

अवशेषों में पाई गई एक हड्डी पर परीक्षण से पता चला कि यह एक बिल्ली की फीमर थी। चार्लीयर के अनुसार, शैतान को खुश करने के लिए एक चुड़ैल की चिता पर एक काली बिल्ली को फेंकने की मध्यकालीन प्रथा के साथ यह खोज मेल खाती है। "हालांकि, यह फीमर जला नहीं है - यह सिर्फ दिखता है - तो शायद हम सिर्फ एक गुजरने वाली बिल्ली से निपट रहे हैं," उन्होंने कहा।

चार्लीयर ने कहा कि उनकी 18-मजबूत टीम द्वारा पेरिस के पास हास्पिटल रेमंड पॉइनकेयर में सबसे रोमांचक खोज कपड़े के टुकड़े की कार्बन-डेटिंग में थी। 'यह उच्च गुणवत्ता का लिनेन है और हम पुष्टि कर सकते हैं कि यह 15वीं शताब्दी का है। यह एक लबादा या एक थैला हो सकता था।'

इतिहासकारों के अनुसार, 30 मई, 1431 को अंग्रेजों द्वारा रूएन में दांव पर जलाए जाने के समय जोन ऑफ आर्क 19 वर्ष की थी। धुएं में सांस लेने से उसकी मृत्यु हो गई। विनचेस्टर के कार्डिनल को दूसरी बार जलाए जाने का आदेश देने के रूप में दर्ज किया गया है। उसके अंग अभी भी इस आग से बच गए थे, इसलिए शरीर को पूरी तरह से नष्ट करने के लिए तीसरी बार जलाने का आदेश दिया गया था। उसके सिंडर और मलबे को सीन में फेंका जाना था।

हालांकि, 1867 में जोन ऑफ आर्क के अवशेषों को शामिल करने के लिए कहा गया था, वे पेरिस के एक दवाखाने के मचान में पाए गए थे। इन्हें चिनॉन के एक संग्रहालय में स्थानांतरित कर दिया गया जहां वे अभी भी रखे हुए हैं।

चार्लीयर ने कहा कि उनकी टीम के निष्कर्ष प्रारंभिक थे और यह काम कम से कम अगले साल फरवरी तक जारी रहेगा। उन्होंने कहा कि उन्हें उम्मीद है कि उनकी टीम यह स्थापित करने में सक्षम होगी कि चिनॉन अवशेष 'एक महिला किशोर' के हैं, जिन्हें थोड़े-थोड़े अंतराल पर कई बार जलाया गया था। चार्लीयर ने कहा कि अवशेषों के बीच लकड़ी के टुकड़े, साथ ही लिनन के कपड़े की गुणवत्ता और उम्र को उनकी टीम को सटीकता की 30 साल की सीमा के भीतर तारीख करने की अनुमति देनी चाहिए और यह स्थापित करना चाहिए कि वे फ्रांस के किस क्षेत्र से हैं।

'हम करीब आ रहे हैं। भले ही उन दिनों चुड़ैलों को जलाना एक आम बात थी, ऐसा नहीं है कि 1431 में रूएन में 1,000 महिलाओं को तीन बार जलाया गया था। यह हमारे लिए भी मददगार है - यह निर्धारित करने के मामले में कि अवशेष नकली हैं या नहीं - जोन ऑफ आर्क के आसपास पनपने वाला पंथ अपेक्षाकृत हाल ही का है। पिछले 400 वर्षों से किसी ने उसकी ओर ज्यादा ध्यान नहीं दिया। तो वहाँ अवशेषों के दर्जनों डिब्बे इधर-उधर नहीं घूम रहे हैं, सभी उसके होने का दावा कर रहे हैं।'

चार्लीयर पिछले साल प्रमुखता से आया जब उसने पता लगाया कि किंग चार्ल्स VII के पसंदीदा एग्नेस सोरेल पारा विषाक्तता से मर गए। उन्होंने जोन ऑफ आर्क में रुचि ली क्योंकि उनके अनुमानित अवशेष सोरेल के समान चिनॉन संग्रहालय में संग्रहीत किए गए थे।

पूर्वी फ्रांस के लोरेन की एक अनपढ़ किसान लड़की, जोन ऑफ आर्क ने अपने अभियानों में खुद को एक आदमी के रूप में प्रच्छन्न किया। अंग्रेजों और बरगंडी के ड्यूक की सेनाओं के खिलाफ अपनी लड़ाई के दौरान, जोआन को संतों की तिकड़ी से आवाजें सुनने के लिए कहा गया था, जो उसे अपने दुश्मनों से फ्रांस को छुड़ाने के लिए कह रही थी। अंत में उसे पकड़ लिया गया और अंग्रेजों को बेच दिया गया, जिसने उसे रूयन में जादू टोना करने की कोशिश की थी।

जोन ऑफ आर्क को 1920 में संत घोषित किया गया था। द्वितीय विश्व युद्ध के दौरान, विची फ्रांस और फ्रांसीसी प्रतिरोध दोनों ने जोन ऑफ आर्क को उनके कारण के लिए राष्ट्रीय प्रतीक के रूप में दावा किया था।

1354 में इसके उद्भव के समय से ट्यूरिन के कफन को मसीह का दफन वस्त्र माना जाता था। 1389 में इसकी पहली प्रदर्शनी में, इसे बिश द्वारा नकली के रूप में निरूपित किया गया था।

जब से इसकी प्रामाणिकता पर सवाल उठाया गया है। 1988 में कपड़े की कार्बन डेटिंग ने निर्धारित किया कि इसकी उत्पत्ति 1260 और 1390 के बीच हुई थी। कैथोलिक चर्च ने स्वीकार किया है कि कफन वास्तविक नहीं हो सकता है, लेकिन कहता है कि इसे अभी भी सम्मानित किया जाना चाहिए क्योंकि यह यीशु की प्रेरक छवि को धारण करता है।

2000 में रूस में एक प्रदर्शनी में हिटलर की खोपड़ी के एक टुकड़े का प्रदर्शन शामिल था। 'द एगनी ऑफ द थर्ड रीच: रिट्रिब्यूशन' के आयोजकों ने कहा कि खोपड़ी प्रामाणिक थी, लेकिन इस दावे को कुछ विशेषज्ञों ने खारिज कर दिया है। हिटलर ने 1945 में अपने बर्लिन बंकर में खुद को गोली मार ली थी और उसके शरीर को जलाकर एक उथली कब्र में दफना दिया गया था। उसके अवशेषों का क्या हुआ, इसके तथ्य पूरी तरह से स्थापित नहीं हो पाए हैं।

1172 से पडुआ में चर्च में रखी एक ताबूत में सेंट ल्यूक के अवशेष हो सकते हैं। 2001 में वैज्ञानिकों द्वारा किए गए परीक्षणों ने पुष्टि की कि यह तीसरे सुसमाचार के लेखक के समान सीरियाई मूल का था। कार्बन-डेटिंग परीक्षणों ने सुझाव दिया कि शरीर किसी ऐसे व्यक्ति का था जिसकी मृत्यु ल्यूक की मृत्यु की अवधि में हुई थी, माना जाता है कि यह 84 ईस्वी के आसपास था।

रामसेस II की ममी के अंतिम संस्कार के कपड़े के बाल और टुकड़े हाल ही में इंटरनेट पर बिक्री के लिए पोस्ट किए गए थे। पुलिस ने विक्रेता, फ्रांस के एक डाकिया को गिरफ्तार किया, जिसने कहा कि उसे उसके पिता द्वारा टुकड़े दिए गए थे, जो 1970 के दशक में ममी का विश्लेषण करने वाली टीम के एक शोधकर्ता थे। 1279 और 1213 ईसा पूर्व के बीच रामसेस द ग्रेट का शासन मिस्र के इतिहास में दूसरा सबसे लंबा था।

7

ट्रॉय की हेलेन:दुनिया की सबसे खूबसूरत लड़की और उसके खोए हुए गहने

ट्रॉय की हेलेन

ग्रीक पौराणिक कथाओं में, हेलेन ऑफ ट्रॉय को उस महिला के रूप में जाना जाता है, जिसकी सुंदरता ने ट्रोजन युद्ध को जन्म दिया। लेकिन हेलन का किरदार जितना लगता है उससे कहीं ज्यादा जटिल है। बचपन से लेकर ट्रोजन युद्ध के बाद के जीवन तक हेलेन को घेरने वाले कई ग्रीक और रोमन मिथकों पर विचार करते हुए, एक स्तरित और आकर्षक महिला उभरती है।

हेलेन ज़ीउस द्वारा उत्पन्न पौराणिक पात्रों में से एक है। हंस के रूप में, ज़ीउस ने हेलेन की मां लेडा को या तो बहकाया या उन पर हमला किया। उसी रात, लेडा अपने पति टायंडारेस के साथ सोई और परिणामस्वरूप चार बच्चों को जन्म दिया, जो दो अंडों से निकले।

एक अंडे से अर्ध-दिव्य बच्चे, हेलेन और पॉलीड्यूसेस (जिन्हें लैटिन में पोलक्स कहा जाता है) आए, और दूसरे अंडे से नश्वर क्लाइटेमनेस्ट्रा और कैस्टर आए। लड़के, जिन्हें सामूहिक रूप से दियोस्कुरी कहा जाता है, समुद्र गें नाविकों के दैवीय रक्षक बन गए, जबकि हेलेन और क्लाइटेमनेस्ट्रा ट्रोजन युद्ध की गाथा में महत्वपूर्ण भूमिकाएँ निभाएंगे।

दूसरे, पुराने मिथक में, हेलेन के माता-पिता प्रतिशोध की देवी ज़्यूस और नेमेसिस थे। इस संस्करण में भी हेलेन एक अंडे से निकली थी।

हेलेन को दुनिया की सबसे खूबसूरत महिला बनना तय था। उसकी प्रतिष्ठा इतनी महान थी कि एक छोटे बच्चे के रूप में भी, नायक थ्यूस ने उसे अपनी दुल्हन के लिए चाहा। उसने उसका अपहरण कर लिया और उसे अपने एथेंस शहर में छुपा दिया, लेकिन जब वह दूर था, हेलेन के भाइयों, दियोस्कुरी ने उसे बचाया और उसे घर लाया।

एक वयस्क के रूप में, हेलेन को कई प्रेमी पसंद आए, जिनमें से उसने स्पार्टा के राजा मेनेलॉस को चुना। लेकिन यद्यपि मेनेलॉस बहादुर और धनी था, उसके लिए हेलेन का प्यार कमजोर साबित होगा।

इस समय के आसपास ओलंपियनों के बीच एक बड़ी घटना हुई: देवी थेटिस का नश्वर पेलेस से विवाह। एरीस को छोड़कर सभी देवताओं को भाग लेने के लिए आमंत्रित किया गया था, जिनके नाम का अर्थ "कलह" है। उसके बहिष्कार पर क्रोधित, एरिस वैसे भी पार्टी में आती है और देवी हेरा, एथेना और एफ्रोडाइट को एक सेब फेंकती है जिस पर "सबसे सुंदर के लिए" लिखा जाता है। प्रत्येक देवी का दावा है कि सेब उसके लिए है और आगामी विवाद से ओलंपस की शांति को खतरा है।

ज़्यूस ने ट्रोजन राजकुमार पेरिस को जज करने के लिए नियुक्त किया कि तीनों में से सबसे सुंदर कौन है। अपने वोट को प्रभावित करने के लिए, प्रत्येक देवी पेरिस को रिश्वत देती है। हेरा से, पेरिस के पास शाही शक्ति होगी, जबकि एथेना युद्ध में जीत प्रदान करती है। एफ्रोडाइट ने उसे अपनी पत्नी के रूप में दुनिया की सबसे खूबसूरत महिला हेलेन का वादा किया, और पेरिस ने उसे प्रतियोगिता के विजेता का नाम दिया।

पेरिस देवी-देवताओं पर विचार करता है जबकि हर्मीस सेब धारण करता है। एथेना उसके

बगल में अपने विशिष्ट हथियारों के साथ हेमीज़ के सबसे करीब है, एफ्रोडाइट बीच में है और उसका बेटा इरोस उसके पैर को गले लगा रहा है, और हेरा दूर दाईं ओर खड़ी है।

एफ्रोडाइट द्वारा वादा किए गए पुरस्कार का दावा करने के लिए, पेरिस मेनेलॉस के दरबार की यात्रा करता है, जहाँ उसे अतिथि के रूप में सम्मानित किया जाता है। आतिथ्य के प्राचीन कानूनों को धता बताते हुए, पेरिस हेलेन को बहकाता है और उसके साथ अपने जहाज में भाग जाता है।

रोमन कवि ओविड ने हेलेन से पेरिस को एक पत्र लिखा, जिसमें उनकी हिचकिचाहट और उत्सुकता का मिश्रण था:

काश तुम उस समय अपने तेज जहाज में आए होते,

जब हज़ारों चाहने वालों ने मेरी वर्जिनिटी मांगी थी।

अगर मैं तुझे देखता तो तू हज़ारों में अव्वल होता,

मेरे पति इस फैसले के लिए मुझे माफ़ कर देंगे!

(ओविड, हीरोइइस 17.103-6)

हेलेन का अपहरण

पेरिस अपनी नई दुल्हन के साथ ट्रॉय के लिए घर जाता है, एक ऐसा कार्य जिसे हेलेन की मिलीभगत के बावजूद अपहरण माना जाता था। जब मेनेलॉस को पता चलता है कि हेलेन चली गई है, तो वह और उसका भाई एगामेमोन ट्रॉय पर युद्ध छेड़ने के लिए विदेशों में सैनिकों का नेतृत्व करते हैं।

हालांकि, माइसेने से हेलेन की यात्रा का एक और संस्करण इतिहासकार हेरोडोटस, कवि स्टेसिचोरस और नाटककार यूरिपिड्स ने अपने नाटक हेलेन में प्रस्तुत किया है। इस संस्करण में, एक तूफान पेरिस और हेलेन को मिस्र में उतरने के लिए मजबूर करता है, जहां स्थानीय राजा हेलेन को उसके अपहरणकर्ता से हटा देता है और पेरिस को वापस ट्रॉय भेज देता है। मिस्र में, हेलेन को "विदेशी एफ्रोडाइट" के रूप में पूजा जाता है। इस बीच, ट्रॉय में, हेलेन की एक प्रेत छवि यूनानियों को विश्वास दिलाती है कि वह वहां है। आखिरकार, यूनानियों ने युद्ध जीत लिया और मेनेलॉस मिस्र में असली हेलेन के साथ फिर से जुड़ने और घर जाने के लिए आता है। हेरोडोटस का तर्क है कि कहानी का यह संस्करण अधिक प्रशंसनीय है क्योंकि यदि ट्रोजन्स के पास अपने शहर में असली हेलेन होती, तो वे उसे वापस दे देते बजाय इसके कि उसके ऊपर युद्ध में इतने सारे महान सैनिकों को मरने दिया जाए।

फिर भी, कहानी के सबसे लोकप्रिय संस्करण में, होमर, हेलेन और पेरिस एक साथ ट्रॉय लौटते हैं। जब वे पहुंचते हैं, पेरिस की पहली पत्नी, अप्सरा ओइनोन, उन्हें एक साथ देखती है और विलाप करती है कि उसने उसे छोड़ दिया है। वह कड़वा हो जाता है और यहां तक कि हेलेन को एक बच्चे के रूप में थ्यूस द्वारा अपहरण किए जाने के लिए दोष देता है। दिल दहला देने वाले गुस्से में वह कहती है:

वह जिसका इतनी बार अपहरण किया जाता है, उसे खुद को अपहरण करने के लिए पेश करना चाहिए!

(ओविड, हीरोइडइस वी.132)

ओइनोन के खिलाफ पेरिस का हल्का सा अंत में उसके लिए हानिकारक साबित होगा।

ग्रीक ट्रॉय के लिए रवाना हुए और दस साल का युद्ध शुरू हो गया।

हेनरिक श्लीमैन का उल्लेख किए बिना पुरातत्व, ट्रॉय या यहां तक कि प्राचीन ग्रीस के इतिहास के शुरुआती दिनों का उल्लेख करना मुश्किल है।

1822 में जन्मे जर्मन पुरातत्वविद् ने भी इस विचार को आगे बढ़ाने में मदद की कि शायद होमर की रचनाएँ वास्तव में वास्तविक ऐतिहासिक घटनाओं पर आधारित थीं, जो कि केवल काल्पनिक होने के बजाय घटित हुई थीं।

शुरुवात

श्लीमैन को ट्रॉय के स्थान को खोजने का जुनून सवार था, होमर के कामों से उनके जीवन की शुरुआत में उनकी रुचि चरम पर थी। वास्तव में, उन्होंने यहां तक कहा कि आठ साल की उम्र में उन्होंने दावा किया कि वह ट्रॉय शहर को खोज लेंगे। बेशक, अगर यह वास्तव में हुआ है, तो कौन कह सकता है, क्योंकि यह श्लीमैन के लिए अपनी कहानी पर जनता की नज़र खींचने का एक मात्र तरीका हो सकता था।

यह एक अन्य कहानी के साथ भी संघर्ष करता है जिसे श्लीमैन ने अपने अतीत के बारे में बताया था, यह कहते हुए कि होमरिक कार्यों में उनकी पहली दिलचस्पी तब तक नहीं आई जब तक कि वह अपनी किशोरावस्था में नहीं थे, और उन्होंने एक नशे में धुत आदमी को किराने की दुकान में कुछ होमेरिक पद्य सुनाया, जहां वह काम किया।

श्लीमैन को अपने जीवन के बारे में लंबी-लंबी कहानियां गढ़ने की बुरी आदत थी, और उन्होंने वाशिंगटन, डीसी में सैन फ्रांसिस्को फायर और राष्ट्रपति मिलार्ड फिलमोर के साथ भोजन करने के बारे में कहानियां सुनाईं, हालांकि, यह बहुत ही संदिग्ध है कि इनमें से कोई भी चीज हुई हो।

गरीबी से अमीरी की ओर

सच्ची कहानियाँ चाहे जो भी हों, श्लीमैन की औपचारिक कॉलेज शिक्षा की कमी ने वास्तव में उनके जीवन को उस रास्ते पर चलाने में मदद की जो अंततः उन्हें ट्रॉय तक ले जाएगा। धन की कमी के कारण, उनके पिता युवा श्लीमैन को औपचारिक शिक्षा देने का जोखिम नहीं उठा सकते थे। इस वजह से, उन्हें यूरोप के आसपास इधर-उधर छोटे-मोटे काम करने के लिए मजबूर होना पड़ा।

अंततः उन्हें एक इम्पोर्टिंग और एक्सपोर्टिंग फर्म में नौकरी मिल गई जिसने उन्हें काफी यात्रा करने की अनुमति दी। अपनी यात्रा के दौरान, उन्होंने भाषाओं को सीखने के लिए एक

उल्लेखनीय योग्यता दिखाई, और अंततः न केवल जर्मन बोल सकते थे, बल्कि अंग्रेजी, फ्रेंच, इतालवी, स्वीडिश, स्पेनिश, पोलिश, पुर्तगाली, डच, रूसी, तुर्की, अरबी, ग्रीक और लैटिन भी बोल सकते थे।

उनकी यात्राओं ने उन्हें अपनी शिक्षा को अपने तरीके से आगे बढ़ाने की अनुमति भी दी। उन्होंने बहुत सारे व्यापार जानकार सीखे, और अंततः कैलिफ़ोर्निया गोल्ड रश से अच्छा खासा पैसा कमाया, जिससे उन्हें एक सज्जन व्यक्ति के रूप में जीवन शुरू करने में मदद मिली। वह 36 वर्ष की आयु में सेवानिवृत्त हुए और इस समय, पूरी तरह से ट्रॉय के प्रति आसक्त थे। उन्होंने शहर को खोजने के लिए अपने समर्पण की घोषणा की, अपनी पत्नी को तलाक दे दिया और एथेंस चले गए।

सही जगह

इस बिंदु तक, ट्रॉय का स्थान थोड़ा सा जुआ था। कुछ लोगों ने यह भी नहीं माना कि शहर अस्तित्व में है, यह सब कल्पना के हिसाब से है। हालाँकि, विश्वासियों की आबादी थी जिन्होंने खोज को जीवित रखा। श्लीमेन के घटनास्थल पर आने से लगभग 40 साल पहले, एक स्कॉटिश पत्रकार ने एक जगह चुनी थी जिसके बारे में उन्होंने सोचा था कि खोया शहर होगा।

भूमि बाद में इस क्षेत्र में रहने वाले एक अमेरिकी व्यक्ति के स्वामित्व में थी, और यह वह व्यक्ति था जिसे श्लीमैन ने क्षेत्र में व्यापक खुदाई करने के लिए संपर्क किया था। खुदाई शुरू करने से पहले, हालांकि, श्लीमैन को एक नए सहायक की आवश्यकता होगी। एथेनियन अखबार में पत्नी के लिए विज्ञापन देने से बेहतर तरीका और क्या हो सकता है? वह अपने से 30 साल छोटी एक युवती से मिला, जिसका नाम सोफिया था।

हेलेन के ज्वेल्स

खुदाई 1871 में शुरू हुई थी। यह मानते हुए कि ट्रॉय होमर जिस पहाड़ी की खुदाई कर रहा था, उसके सबसे निचले हिस्से में होना चाहिए, श्लीमैन ने तुरंत सभी ऊपरी स्तरों के माध्यम से नीचे तक जाने के लिए खोदा, संभवतः बहुत सारी कलाकृतियाँ गायब थीं। वास्तव में, इस उद्देश्य के लिए डायनामाइट का उपयोग करने, महत्वपूर्ण ऐतिहासिक टुकड़ों को संभावित रूप से नष्ट करने के लिए उनकी बहुत आलोचना की गई है। हालाँकि, दो साल बाद 1873 में, वह उस जगह पर आया जिसे अब प्रियम के खजाने और हेलेन के ज्वेल्स के रूप में जाना जाता है।

उन्होंने मूल रूप से कहा कि उन्होंने और सोफिया ने अकेले ही शानदार सोने के गहनों की खुदाई की और सोफिया की शाल में सोना निकाल लिया। हालांकि, बाद में उन्होंने कहानी को वापस ले लिया और कहा कि यह झूठ है। हालाँकि, सोफिया ने बाद की तारीख में सार्वजनिक रूप से गहने पहने।

बाद में, इन्हीं गहनों को बर्लिन के पेर्गमॉन संग्रहालय में रखा गया, लेकिन द्वितीय विश्व युद्ध के दौरान सोवियत सेना द्वारा चुरा लिया गया था, और अब मास्को में रहते हैं।

चोरी और तस्करी

हालाँकि, सोना और जवाहरात ढूँढना नाटक की एक पंक्ति की शुरुआत थी। श्लीमैन ने अपने निष्कर्षों को "ट्रोजन एंटिक्स" नामक एक पेपर में प्रकाशित किया, जिसे तुर्की सरकार ने पढ़ा और फिर उस पर मुकदमा दायर किया, क्योंकि वह पहाड़ी के एक किनारे पर खुदाई कर रहा था जो तुर्की में फैला हुआ था।

हालांकि, उसने सरकारी अधिकारियों को उसके निष्कर्षों पर हाथ रखने से मना करते हुए सोने की तस्करी देश से बाहर कर दी। हालाँकि, तुर्की ने यह सुनिश्चित किया कि वह अगले दो वर्षों तक उसी स्थान पर फिर से खुदाई न करे।

अगामेमोन का मुखौटा, जिसे श्लीमैन ने 1800 के दशक के अंत में खोजा था।

प्रागितिहास की मोना लिसा

हालांकि, ट्रॉय के स्थान के पर्याप्त प्रमाण के रूप में उन्हें जो महसूस हुआ, उसे खोजने से संतुष्ट होकर, श्लीमैन ने अपना ध्यान Mycenae, एक अन्य प्राचीन यूनानी स्थान पर खुदाई की ओर लगाया। वहां, उन्होंने एक महान खोज की - शाही कब्र शाफ्ट, उनके सभी खजाने के साथ। यहां तक कि उन्होंने पौराणिक कथाओं में एक यूनानी किंवदंती अगामेमोन की खोपड़ी की खोज करने का भी दावा किया।

खोपड़ी वास्तव में ग्रीक नेता की है या नहीं, खोपड़ी को निहारने वाला सुनहरा मुखौटा काफी प्रसिद्ध हो गया और इसे कभी-कभी प्रागितिहास की मोना लिसा कहा जाता है। आप इसे एथेंस के राष्ट्रीय पुरातत्व संग्रहालय में देख सकते हैं।

एक महान जीवन

नियमों का पालन करने के लिए उनकी घोर अवहेलना के साथ-साथ सच्चाई को फैलाने की उनकी आदत और अवसर पर सीधे झूठ बोलने के बावजूद, खासकर जब वह कहीं खुदाई करना चाहते थे, तो उनके पास पूरी तरह से अनुमति नहीं थी, श्लीमैन को अभी भी उनकी दृढ़ता के लिए प्रशंसा की जा सकती है।

प्राचीन शहर ट्रॉय में उनके महान विश्वास ने उन्हें एक उल्लेखनीय यात्रा पर ले जाया, जिसके परिणामस्वरूप उनके समय की कुछ सबसे महत्वपूर्ण कलाकृतियों की खोज हुई। 1890 में श्लीमैन की मृत्यु हो गई, बल्कि हास्यास्पद रूप से, कान के संक्रमण के रूप में जो शुरू हुआ, उसके परिणामस्वरूप कोमा हो गया। उन्हें एथेंस में प्राचीन ग्रीसियन वास्तुकला के बाद डिजाइन किए गए मकबरे में दफनाया गया है।

यह अब तक खींची गई सबसे रोमांटिक छवियों में से एक है - तेजतर्रार साहसी-पुरातत्वविद् हेनरिक श्लीमैन की पत्नी सोफिया, शानदार कांस्य युग के गहनों से अलंकृत। श्लीमैन ने ट्रॉय की खुदाई के दौरान गहनों का पता लगाया था। वर्षों से वह यह साबित करने की तलाश में था कि हेलेन, एच्लीस और एगामेमोन की कहानियाँ केवल एक कहानी

नहीं - बल्कि वास्तविक इतिहास थीं। उन्होंने कई वर्षों तक ट्रॉय की साइट की खोज की थी, उपहास और दुर्व्यवहार का सामना किया, लेकिन अब उन्हें यह मिल गया था। इतना ही नहीं, बल्कि उन्होंने इन असाधारण मुकुटों - "द ज्वेल्स ऑफ़ हेलन ऑफ़ ट्रॉय" - और कई अन्य कलाकृतियों का पता लगाया था जिन्हें उन्होंने "राजा प्रियम का खजाना" करार दिया था। जहां तक श्लीमैन का सवाल था, वह सही ठहराया गया था - उसे इस बात का सबूत मिला था कि हेलन ऑफ ट्रॉय और शहर का स्थल ही मौजूद था। श्लीमैन ने तुर्की से बर्लिन तक "जेवेल्स ऑफ हेलन" की खोज की - जहां वे पृथ्वी के चेहरे से गायब हो गए प्रतीत होते हैं, श्लीमैन की प्रतिष्ठा और उसके तरीकों के बाद के वर्षों में ट्रैश किए गए थे। ट्रॉय की उनकी खुदाई को लापरवाह माना गया था, साइट के माध्यम से बुलडोज़र की परवाह किए बिना, गैर-जिम्मेदार तरीके से परतों को मिलाते हुए और उनकी डेटिंग को बेतहाशा गलत दिखाया गया था। अधिक हाल के काम ने ट्रॉय के लिए अधिक संभावित उम्मीदवार को उजागर किया है। लेकिन भले ही वह इस बारे में गलत था, फोटोग्राफ में वे शानदार गहने कहाँ थे? भले ही वे हेलेन द्वारा नहीं पहने गए हों, वे स्पष्ट रूप से प्राचीन और बड़े मूल्य के थे। फिर 1993 में, वे फिर से प्रकट हुए - सेंट पीटर्सबर्ग में पुश्किन संग्रहालय में। उनके बारे में सच्चाई आखिरकार सामने आ सकती है।

8

भूत जहाज की भयानक रहस्य

ऑक्टेवियस भूत जहाज

इतिहास में कई अजीबोगरीब रहस्य हैं, लेकिन सबसे ज्यादा परेशान करने वाला ऑक्टेवियस घोस्ट शिप है। 1775 में ग्रीनलैंड के तट के साथ खोजा गया, ऑक्टेवियस के बोर्ड पर कोई जीवित चालक दल नहीं था, प्रत्येक चालक दल के सदस्य के अवशेष डेक के नीचे जमे हुए पाए गए। इन 28 चालक दल के सदस्यों के भाग्य को पूरी तरह से निर्धारित करने के लिए इतने कम सबूतों के साथ, ऑक्टेवियस पर चालक दल के साथ वास्तव में क्या हुआ?

उज्ज्वल शुरुआत से दुखद भाग्य तक

प्रसिद्ध ऑक्टेवियस 18 वीं शताब्दी के मध्य में बनाया गया था और 1761 में खुले समुद्र में जाने के लिए तैयार किया गया था। जहाज पर 28 लोगों के दल के साथ एशिया में कहीं एक गंतव्य के साथ इंग्लैंड से रवाना हुआ। जबकि जहाज लगभग एक साल बाद अपने इच्छित गंतव्य तक पहुँच गया था, यह अपनी वापसी यात्रा पर इतना भाग्यशाली नहीं था।

क्योंकि मौसम बहुत गर्म था और समुद्र इतने शांत थे, ऑक्टेवियस के कप्तान ने उत्तर पश्चिमी मार्ग से यात्रा करने का मौका देने का फैसला किया। यह मार्ग उत्तरी कनाडा के चारों ओर आर्कटिक महासागर के माध्यम से प्रशांत महासागर और अटलांटिक महासागर को जोड़ता है।

यह उपलब्धि पहले पूरी नहीं हुई थी, इसलिए यह माना जाता है कि कप्तान इस मार्ग से सफल यात्रा करने वाले पहले व्यक्ति बनना चाहते थे। यह उनकी वापसी के समय में भी काफी कटौती करेगा, जिसका अर्थ है कि वे अपने मूल मार्ग को लेने की तुलना में बहुत जल्दी घर पहुंच जाएंगे। मौसम जितना अच्छा था, उसने फैसला किया कि यह जोखिम के लायक था।

दुर्भाग्य से, जोखिम इसके लायक नहीं था। एक बार जब वे 1762 के पतन के दौरान उत्तरी अलास्का पहुंचे, तो जहाज गायब हो गया। इसका अंतिम ज्ञात स्थान Utquiagvik, अलास्का के उत्तर में लगभग 250 मील की दूरी पर था, इससे पहले कि इसकी भयानक खोज तक इसे फिर से कभी नहीं सुना गया था।

हालांकि ऑक्टेवियस शुरू में अलास्का के आसपास खो गया था, वास्तव में इसके लापता होने के लगभग 13 साल बाद ग्रीनलैंड के पश्चिमी तट से इसकी खोज की गई थी। 1775 में, हेराल्ड नामक एक व्हेलिंग जहाज ने तट से फंसे जहाज की खोज की, जो बर्फ में ठोस रूप से दबा हुआ था। 13 वर्षों के बाद, जहाज में कुछ स्पष्ट क्षय हुआ, लेकिन हेराल्ड के चालक दल को माल की खोज करने से रोकने के लिए पर्याप्त नहीं था।

एक बार जब वे जहाज पर चढ़ गए, हेराल्ड चालक दल ने ऑक्टेवियस के सभी 28 चालक दल के सदस्यों को डेक के नीचे मौत के लिए जमे हुए पाया। ठंड के ठंडे तापमान के कारण, मृत चालक दल की दृष्टि एक परेशान करने वाली थी: चालक दल के सभी सदस्य ठोस, बैठे या लेटे हुए जमे हुए थे, जैसे वे एक बार डेक के नीचे रह रहे थे।

हेराल्ड के चालक दल ने ऑक्टेवियस के कप्तान को अपने केबिन में अपने डेस्क पर बैठे पाया, कलम अभी भी हाथ में थी जैसे कि वह अभी-अभी एक नोट लिख रहा हो। उसके बगल में उसकी पत्नी और बच्चे बैठे थे, कंबल के नीचे एक साथ लिपटे हुए जैसे कि वे एक त्वरित झपकी ले रहे हों। उन्हें पास में टिंडरबॉक्स के साथ एक नाविक भी मिला, जैसे कि वह घातक तापमान के सामने घुटने टेकने से पहले उन सभी को गर्म करने की कोशिश कर रहा हो।

खोज से भयभीत, हेराल्ड के चालक दल ने कप्तान के लॉग के अलावा जहाज से कुछ भी नहीं लिया, यह निर्धारित करने के लिए कि जहाज पर गरीब आत्माओं का क्या हुआ। पुस्तक को पढ़ने पर, उन्हें पता चला कि कप्तान द्वारा लिखा गया अंतिम लॉग 11 नवंबर, 1762 को लिखा गया था। इससे संकेत मिलता है कि चालक दल को 13 साल हो गए थे, जो उन्हें मिलने वाले पहले दुर्भाग्यपूर्ण जहाज द्वारा खोजे जाने की प्रतीक्षा कर रहे थे।

जैसा कि पहले उल्लेख किया गया है, कप्तान के लॉग में जहाज का अंतिम रिकॉर्ड किया गया स्थान उत्कीगविक, अलास्का से लगभग 250 मील उत्तर में था। यह स्थान उत्तर पश्चिमी मार्ग की शुरुआत के निकट है, जबकि उनकी खोज का स्थान ग्रीनलैंड के पश्चिमी तट के साथ - मार्ग के अंत में था। कप्तान के लॉग में दर्ज अंतिम स्थान को देखते हुए, ऐसा लगता है कि ऑक्टेवियस वास्तव में उत्तर पश्चिमी मार्ग से यात्रा करने में सफल रहा - लेकिन जहाज पर किसी जीवित व्यक्ति के साथ नहीं।

1762 में ऑक्टेवियस पर सवार लोगों के भाग्य का न तो ऐतिहासिक और न ही चिकित्सा विशेषज्ञ पूरी तरह से निष्कर्ष निकाल सकते हैं। जबकि हाइपोथर्मिया या ठंड के तापमान के

संपर्क में आने से मृत्यु कोई नई बात नहीं है, जिस तरह से शवों को मृत्यु पर रखा गया था वह निश्चित रूप से है। यह विचार कि जहाज़ का कप्तान बस लिख रहा था,

मौत के तुरंत बाद जमने से पहले अपने लॉग में टिंग करना समझ से बाहर है, जिससे विशेषज्ञ भयानक खोज पर अपना सिर खुजलाते हैं।

इन अतार्किक विवरणों के अलावा, इतिहासकारों ने ऑक्टेवियस के बारे में कोई अतिरिक्त जानकारी प्राप्त करने के लिए संघर्ष किया है। उन्होंने ग्लोरियाना नामक एक अत्यंत समान जहाज की पहचान की है, जिसकी कहानी ऑक्टेवियस के लगभग समान है। इस कहानी के शुरुआती रिकॉर्ड 1828 से हैं और फिर से कोशिश के कप्तान वॉरेंस द्वारा खोज का वर्णन करते हैं।

कैप्टन वॉरेंस ने 1775 में ग्लोरियाना की खोज की और उनकी कहानी में ऑक्टेवियस की वही विस्तृत खोज है, जिसमें सटीक दिन और वर्ष भी शामिल है, जिसमें चालक दल का नाश हुआ था। हालाँकि, वह उत्तरी मार्ग का कोई उल्लेख नहीं करता है। आज तक, विशेषज्ञ अभी भी यह पता लगाने के लिए शोध कर रहे हैं कि ऑक्टेवियस और ग्लोरियाना वास्तव में एक ही जहाज हैं या नहीं।

एक अतिरंजित भूत कथा या एक मंचित सेटअप?

हालांकि ऑक्टेवियस के भाग्य की पूरी कहानी स्पष्ट नहीं है, कई लोग मानते हैं कि जहाज की खोज के कुछ विवरण समय के साथ बढ़ा-चढ़ाकर पेश किए गए होंगे। शायद यह कहना कि कप्तान अपनी मेज पर जमे हुए पाया गया था, कहानी को और अधिक भयावह बनाने का एक तरीका था, जो भविष्य की पीढ़ियों के लिए तथ्य के रूप में पारित हो गया।

या शायद एक और कारण है कि चालक दल जिस स्थिति में था, उसमें जमे हुए पाए गए। क्या 1775 में उनकी रिकॉर्ड की गई खोज से पहले उन्हें चित्रित किया जा सकता था, या अन्यथा छेड़छाड़ की जा सकती थी? दुनिया इन सवालों के जवाब कभी नहीं जान सकती है, लेकिन एक बात निश्चित है: ऑक्टेवियस घोस्ट शिप की रहस्यमयी और डरावनी कहानी आज भी जीवित है।

९

फ्रांसीसी गांव को रहस्यमय शिलालेख

रहस्यमय शिलालेख फ्रांसीसी गांव को चकित करता है, कोड को क्रैक करने के लिए पुरस्कार की पेशकश की

उत्तर-पश्चिम फ्रांस के एक छोटे से गाँव में हाल ही में खोजी गई एक नक्काशी स्थानीय लोगों को चकित कर रही है। स्थानीय लोगों ने शिलालेख को समझने के लिए कई प्रयास किए हैं और कई स्थानीय विशेषज्ञों की मदद से कोई फायदा नहीं हुआ है। अब वे रहस्यमय शिलालेख को समझने वाले को पुरस्कार देने की पेशकश कर रहे हैं।

यह शिलालेख अटलांटिक तट के पास फ्रांस के उत्तर-पश्चिम में प्लूगास्टेल-दौलास, ब्रिटनी के छोटे से गाँव के पास है। उत्कीर्णन एक चट्टान पर है जो 'मनुष्य जितना ऊँचा' है और केवल तब देखा जाता है जब ज्वार कम होता है। न्यूजवीक के अनुसार, 'चट्टान तक पहुंचने के लिए कॉर्ब्यू बिंदु के उत्तर में इलियन अर ग्वेन के गांव से एक मार्ग के माध्यम से पहुंचा जा सकता है'। इसकी दूरदर्शिता और तथ्य यह है कि यह उच्च ज्वार में पूरी तरह से जलमग्न है, इसका मतलब है कि यह केवल चार साल पहले प्रकाश में आया था। प्लॉगास्टेल-दौलास डॉमिनिक कैप के मेयर ने कहा है कि उनके सर्वोत्तम प्रयासों के बावजूद कोई भी उत्कीर्णन का अर्थ नहीं समझ पाया है।

रहस्यमय शिलालेख में कई अक्षर और कुछ प्रतीक होते हैं, जिनमें से एक पाल के साथ एक नाव को दर्शाता है। सभी शिलालेख सुपाठ्य नहीं हैं, लेकिन पत्र निश्चित रूप से लैटिन वर्णमाला से हैं, जो आधुनिक फ्रेंच में उपयोग किए जाते हैं।

न्यूजवीक की रिपोर्ट है कि यह सुझाव दे रहा है कि यह 'बास्क में या ब्रेटन के एक पुरातन संस्करण में लिखा गया है, जो ब्रिटनी में अभी भी बोली जाने वाली एक सेल्टिक भाषा है'। CNN के अनुसार कुछ उत्कीर्णन "ROC AR B... DRE AR GRIO SE EVELOH AR VIRIONES BAOAVE," पढ़ते हैं।

शिलालेख को समझने में असमर्थ होने के कारण स्थानीय लोग तेजी से निराश हो गए हैं। सीएनएन ने एक स्थानीय पार्षद मिशेल पगम को उद्धृत करते हुए कहा, "बहुत सारे शब्द हैं... ..., लेकिन हम उन्हें पढ़ नहीं सकते हैं, हम उन्हें बाहर नहीं कर सकते हैं।"

गाँव ने स्थानीय भाषाविदों, शिक्षाविदों और पुरालेखकारों की मदद ली है, लेकिन ब्रेटन के इतिहास और संस्कृति से परिचित ये विशेषज्ञ भी शब्दों और प्रतीकों से चकित हैं। यह इस तथ्य के बावजूद है कि लेखन की तिथि केवल दो शताब्दियों से अधिक पुरानी है।

शिलालेख में दो तिथियां हैं, और ये 1786 और 1787 हैं, फ्रांसीसी क्रांति से ठीक पहले। उस समय पेरिस में शाही सरकार ने ब्रेस्ट में बंदरगाह की सुरक्षा के लिए बैटरी और किलेबंदी के निर्माण का आदेश दिया था। यह उस समय फ्रांस का सबसे महत्वपूर्ण अटलांटिक बंदरगाह था।

ऐसी संभावना है कि यह ब्रेस्ट में परियोजना पर काम करने वाले बिल्डरों में से एक द्वारा छोड़ा गया स्मारक था। रोमांटिक लोगों का मानना है कि यह किसी तरह का प्रेम संदेश हो सकता है। चैनल न्यूज़ एशिया की रिपोर्ट के अनुसार, कुछ ग्रामीणों ने शिलालेख को अपना

'रोसेटा स्टोन' भी कहना शुरू कर दिया है।

रहस्यमय शिलालेख को समझने की प्रतियोगिता

स्थानीय समुदाय ने अब ब्रिटनी से परे के विशेषज्ञों की मदद लेने का फैसला किया है ताकि उन्हें कोड तोड़ने में मदद मिल सके। उन्होंने एक प्रतियोगिता शुरू करने का फैसला किया है जो भाषाविदों, छात्रों, पुरालेखकारों, और जो कोई भी सोचता है कि वे रहस्य को सुलझा सकते हैं, के लिए खुला है। पेशेवर और शौकिया दोनों तरह के कोड ब्रेकर प्रतियोगिता में प्रवेश कर सकते हैं।

जो लोग रहस्यमय शब्दों को समझने में कामयाब होंगे उन्हें 2000 यूरो (2240 यूएसडी) का पुरस्कार मिलेगा। एक स्थानीय अधिकारी, वेरोनिक मार्टिन, प्रतियोगिता का प्रबंधन कर रही है और उसने उसकी मदद के लिए एक टीम इकट्ठी की है।

गांव सभी प्रविष्टियों और रहस्य के प्रस्तावित समाधान की जांच करेगा। एनडीटीवी की रिपोर्ट है कि 'ज्यूरी तब सबसे प्रशंसनीय सुझाव चुनने और पुरस्कार देने के लिए मिलेंगे'। वे वास्तव में कैसे निर्धारित करेंगे कि सबसे प्रशंसनीय समाधान क्या है, यह नहीं बताया गया है।

संभावना है कि शिलालेख की प्रकृति को देखते हुए इसे पढ़ा नहीं जा सकता है और पुरस्कार नहीं दिया गया है। यह भी संभव है कि उत्कीर्णन को कभी पढ़ा न जा सके। हालांकि यह कहा जा सकता है कि चट्टानों पर उकेरे गए गूढ़ शब्दों की बदौलत प्लाउगास्टेल-दौलास गांव को मानचित्र पर रखा गया है।

10

17वीं शताब्दी का पत्र एक भूतिया महिला साधु द्वारा लिखा गया

17वीं शताब्दी का कथित रूप से बंदी नन द्वारा लिखा गया पत्र पहली बार डिकोड किया गया

341 वर्षों के बाद, कथित तौर पर एक इतालवी नन द्वारा लिखी गई पुरातन लिपि की एक रहस्यमयी गड़गड़ाहट को आखिरकार सुलझा लिया गया है। वैज्ञानिकों ने डीप वेब पर खोजे गए एक कोड ब्रेकर का उपयोग करके उपलब्धि हासिल की है।

द टाइम्स के अनुसार, यह पत्र 17वीं शताब्दी में इतालवी बहन मारिया क्रोकिफिसा डेला कॉन्सेज़िओन द्वारा लिखा गया था। वह इसाबेला तोमासी पैदा हुई थी और जब वह 15 साल की थी तब नन बन गई थी। लाइव साइंस की रिपोर्ट है कि पत्र लिखे जाने के समय नन की उम्र 31 वर्ष थी।

किंवदंतियों का दावा है कि, नन और शैतान के बीच एक लंबी लड़ाई के बाद, पत्र 11 अगस्त, 1676 को नन के हाथ में पाया गया था, जब वह अपने कमरे में बेहोशी के जादू से जागी थी और उसके चेहरे पर स्याही लगी हुई थी। यह घटना सिसिली में एग्रीजेंटो प्रांत में पाल्मा दि मॉंटेचियारो के क्लॉइस्टेड ननरी में हुई थी। जाहिर तौर पर, नन और उसकी बहनें पाठ को डिकोड नहीं कर सकीं, लेकिन समय के साथ उन्होंने फैसला किया कि यह शैतान के शब्द होंगे जो युवा नन को उसके विश्वास से दूर होने के लिए मनाने की कोशिश कर रहे थे।

लाइव साइंस का कहना है कि एबेस मारिया सेराफिका द्वारा घटना के बारे में लिखित विवरण सिस्टर मारिया के साहस को प्रमाणित करता है, यह दावा करते हुए कि शैतान ने नन को पत्र पर हस्ताक्षर करने के लिए मजबूर करने की कोशिश की होगी। फिर भी सिस्टर

मारिया ने स्पष्ट रूप से इसके बजाय "ओहिमे" (ओह मी) लिखकर मांग का विरोध किया।

पाल्मा डी मोंटेचियारो, सिसिली - बेनेडिक्टिन ने ननरीरी को घेर लिया जहां पत्र लिखा गया था।

शेष पाठ की सामग्री सदियों से एक रहस्य रही है। ला स्टैम्पा के अनुसार, एक मठ ने उस व्यक्ति के लिए एग्रीजेंटो में एक महीने की छुट्टी की पेशकश भी की थी जो 1960 के दशक में इसे डिकोड करने में कामयाब रहा था। ऐसा आज तक कोई नहीं कर पाया।

सिसिली में लुडम साइंस सेंटर की एक टीम ने डीप वेब पर पाए जाने वाले कोड-क्रैकिंग एल्गोरिदम का इस्तेमाल किया। अनिर्दिष्ट खुफिया सेवाओं द्वारा कथित तौर पर इसी सॉफ्टवेयर का उपयोग किया जाता है। लुडम विज्ञान केंद्र के निदेशक डेनियल एबेट ने कहा:

"हमने सॉफ्टवेयर के बारे में सुना, जो हमें विश्वास है कि खुफिया सेवाओं द्वारा कोडब्रेकिंग के लिए उपयोग किया जाता है। हमने प्राचीन ग्रीक, अरबी, रूनिक वर्णमाला और लैटिन के साथ सॉफ्टवेयर को कुछ अक्षरों को उकेरने के लिए तैयार किया और दिखाया कि यह वास्तव में शैतानी है।

माना जाता है कि एक नन द्वारा लिखा गया एक पत्र शैतान के कब्जे में है।

उस सॉफ़्टवेयर का उपयोग करके, लाइव साइंस रिपोर्ट करता है कि वैज्ञानिकों ने पत्र की सभी 14 पंक्तियों को समझने में कामयाबी हासिल की है। सॉफ़्टवेयर ने सामान्य वर्णों का पता लगाने के लिए एक एल्गोरिथ्म का उपयोग किया और उनकी तुलना विभिन्न वर्णों में सबसे समान वर्णों से की।

"पत्र ऐसा प्रतीत होता था मानो वह आशुलिपि में लिखा गया हो। हमने अनुमान लगाया कि सिस्टर मारिया ने प्राचीन अक्षरों का उपयोग करके एक नई शब्दावली बनाई है जिसे वह शायद जानती होंगी," अबेट ने कहा। "हमने विश्लेषण किया कि स्वरों का पता लगाने के लिए अक्षर और रेखांकन [या प्रतीकों के रूप में दर्शाए गए विचार] अक्षर में कैसे दोहराए जाते हैं, और हम एक परिष्कृत डिक्रिप्शन एल्गोरिदम के साथ समाप्त हो गए।"

पत्र असंगत है और भगवान, मनुष्यों और शैतान के बीच संबंधों पर कुछ असंगत रूप से घूमता है। यह दावा करता है कि ईश्वर, जीसस और पवित्र आत्मा "डेडवेट" हैं, और यह कहते हैं कि मनुष्यों ने ईश्वर और जरथुस्त्र का आविष्कार किया। यह भी दावा करता है कि "ईश्वर सोचता है कि वह मनुष्यों को मुक्त कर सकता है" और "यह प्रणाली किसी के लिए काम नहीं करती"। अंत में, ऐसा लगता है कि ग्रीक और रोमन पौराणिक कथाओं में यह नदी स्टाइक्स नदी को संदर्भित करता है, जो पृथ्वी और अंडरवर्ल्ड को अलग करती है, एक जिज्ञासु वाक्यांश में "शायद अब, स्टाइक्स निश्चित है।"

कुछ लोग पत्र की सामग्री को "द्रुतशीतन" के रूप में देखते हैं, या संभावित प्रमाण के रूप में देखते हैं कि सिस्टर मारिया क्रोकिफिसा डेला कॉन्सेज़ियोन शैतान के पास थी, जबकि

अन्य कहते हैं कि यह नन की विस्तृत रचना थी। अपने हिस्से के लिए, डेनियल एबेट का मानना है कि नन को द्विध्रुवी विकार या सिज़ोफ्रेनिया था और उसने मतिभ्रम और भ्रम का अनुभव किया हो सकता है। "इन विकारों में अक्सर शैतान की छवि मौजूद होती है। हमने ऐतिहासिक अभिलेखों से सीखा है कि हर रात वह चिल्लाती थी और शैतान से लड़ती थी," अबेट ने कहा।

एक सटीक वर्णमाला है, जिसे नन ने बड़ी सावधानी से उन प्रतीकों को मिलाकर खोजा जिन्हें वह जानती थी। प्रत्येक प्रतीक अच्छी तरह से सोचा और संरचित है, ऐसे संकेत हैं जो दोहराए जाते हैं, शायद एक जानबूझकर और शायद अचेतन पहल। मठ में जीवन का तनाव बहुत अधिक था।"

इटालियन न्यूज रेडियो 105 के अनुसार, बहन मारिया क्रोकिफिसा डेला कॉन्सेज़िओन को शैतान से दो और संदेश मिले थे, लेकिन वह उनकी सामग्री को लिखने या प्रकट करने के लिए तैयार नहीं थी।